山东省文化和旅游厅组织编写

山东省级非物质文化遗产普及用书

传统医药卷

山东城市出版传媒集团·济南出版社

图书在版编目（CIP）数据

山东省级非物质文化遗产普及用书. 传统医药卷 / 山东省文化和旅游厅编. — 济南：济南出版社，2021.7
ISBN 978-7-5488-4478-5

Ⅰ.①山… Ⅱ.①山… Ⅲ.①非物质文化遗产—山东—普及读物②中国医药学—介绍—山东 Ⅳ.①G127.52-49②R2

中国版本图书馆CIP数据核字（2021）第130680号

出 版 人　崔　刚
责任编辑　孙育臣
装帧设计　李海峰

出版发行　济南出版社
地　　址　山东省济南市二环南路1号（250002）
编辑热线　0531-86131747（编辑室）
发行热线　82709072　86131701　86131729　82924885（发行部）
印　　刷　山东彩峰印刷股份有限公司
版　　次　2021年7月第1版
印　　次　2021年7月第1次印刷
成品尺寸　170 mm × 240 mm　16开
印　　张　10.75
字　　数　165千
印　　数　1—3000册
定　　价　56.00元

（济南版图书，如有印装错误，请与出版社联系调换。联系电话：0531-86131736）

编委会

主　　任：王　磊
副 主 任：付俊海
编　　委：刘朋鑫　王　尚　蒋士秋　张传英　孙育臣
　　　　　冀春雨　楚国帅
主　　编：付俊海
副 主 编：刘朋鑫　王　尚　蒋士秋　张　娜　张传英
参编人员：王天禹　王福成　卞　辉　李文浩　李怡然
　　　　　张　娜　张晓涵　焦一真　楚国帅　冀春鑫

漢唐書局

序 言

习近平总书记指出："文化是一个国家、一个民族的灵魂。文化兴国运兴，文化强民族强。中华优秀传统文化是我们最深厚的文化软实力，也是中国特色社会主义植根的文化沃土。要积极推动中华优秀传统文化创造性转化、创新性发展。"在悠悠五千年的历史长河中，中华文明绵延不绝，历久弥新，孕育了丰富的精神文化财富。非物质文化遗产是中华优秀传统文化的重要组成部分，代表中华民族鲜活的文化基因，是民族历史的传承和民族精神的凝缩，是自古以来劳动人民智慧的生动展现。传承和弘扬中华优秀传统文化，挖掘和保护非物质文化遗产，研究和利用齐鲁大地的优秀文化遗产，是时代的要求，是历史的必然，是人民的期盼。

山东是孔孟之乡，礼仪之邦，拥有悠久的历史和灿烂的文明。在这片广袤的齐鲁大地上，生长着韵味十足、特色鲜明的非物质文化遗产。神秘动人的民间文学、地域鲜明的民俗传统、风格迥异的传统音乐、独具神韵的传统舞蹈、意味无穷的传统美术、丰韵绵长的戏剧曲艺、通灵入化的体艺杂技、创意灵动的手工技艺，都包含着齐鲁儿女的创造力，深藏着齐鲁大地的智慧，是齐鲁文化的重要代表。灿烂的非物质文化遗产充分展现了齐鲁儿女独具品味的审美个性和别具一格的思维方式，是山东文化发展的见证。

山东是非遗大省，非物质文化遗产资源极其丰富，非遗保护工作一直走在全国前列。目前全省共普查各类非遗线索120多万条，共有联合国教科文组织认定的"人类非遗代表作名录"项目8个，国家级名录186项，省级名录751项，市级名录4 060项，县级名录12 452项；现有国家级传承人90名，省级传承人429名，市级传承人2 553名，县级传承人8 025名；全省有1个国家级文化生态保护实验区，即齐鲁文化（潍坊）生态保护区，有曹州文化生态保护实验区等10个省级文化生态保护实验区。为弘扬中华优秀传统文化，充分展现我省非物质文化遗产的博大精深和独特魅力，山东省文化和旅游厅组织编制了《山东省级非物质文化遗产普及用书》系列丛书，涵盖民间文学，传统音乐，传统舞蹈，传统戏剧，曲艺，传统体育、游艺与杂技，传统美术，传统技艺，传统医药，民俗共十大门类。本套书共3册，其中传统体育、游艺与杂技类共2册，包含65个省级传统体育、游艺与杂技项目；传统医药类1册，包含34个省级传统医药项目。本套丛书内容主要是以各市申报省级非物质文化遗产代表性项目的资料为依据。本套丛书通过故事叙述与文化阐释相结合的方式，以多方视角来讲述非遗项目，内容涵盖历史渊源、基本内容、表现形态、传承发展、社会价值等方面。相信此套丛书的出版，必将使广大读者更加生动、全面、系统地了解山东省非物质文化遗产的传承历史、表现形态、文化内涵及保护现状，必将进一步增强广大群众的文化自信和文化自豪感。

　　下一步，我们将深入贯彻落实党的十九大精神，深入贯彻落实习近平总书记系列重要讲话精神和视察山东重要讲话、重要指示批示精神，以习近平新时代中国特色社会主义思想为引领，统筹推进"五位一体"总体布局，协调推进"四个全面"战略布局，不断弘扬中华优秀传统文化，不断推动文化建设向纵深发展，为满足人民群众对美好生活的向往，丰富广大人民群众的文化生活，保障广大人民群众的文化权益，为深入推进经济文化强省建设，实现中华民族伟大复兴的中国梦而贡献更大的力量。

山东省文化和旅游厅厅长　王　磊

目 录 CONTENTS

山东省级非物质文化遗产普及用书　传统医药卷

东阿镇福牌阿胶制作技艺（平阴）……………………………001
东阿阿胶制作技艺（东阿）……………………………………007
宏济堂中医药文化………………………………………………012
赵培印面瘫膏药制作工艺………………………………………017
扈氏鼻炎药膏制作工艺…………………………………………023
董家骨科正骨疗法………………………………………………027
安驾庄梁氏正骨疗法……………………………………………031
健脑补肾丸制作工艺……………………………………………035
接骨膏制作工艺（全鸡接骨膏、活血接骨膏）………………039
三字经流派推拿疗法……………………………………………044
王三贴膏药制作技艺……………………………………………049
宏济堂传统阿胶制作技艺………………………………………054
二仙膏古法制作技艺……………………………………………059
孟氏正骨疗法……………………………………………………063
宋氏祖传拔毒膏制作技艺………………………………………068
周氏艾灸法………………………………………………………073
八白散传统驻颜技法……………………………………………078

李氏小儿推拿秘笈 ·················· 083

田氏整骨疗法 ···················· 088

古城膏药制作工艺及正骨医术 ············ 092

生氏正骨术 ····················· 097

中亚至宝三鞭丸制作技艺 ·············· 102

明通万应膏药制作技艺 ··············· 107

华瞳正骨 ······················ 112

小儿牛黄清心散古法制作技艺 ············ 117

王氏正骨 ······················ 121

孟氏接骨膏制作技艺 ················ 125

孙氏整骨 ······················ 129

仇氏正骨术 ····················· 134

葛氏正骨法 ····················· 139

阳谷古阿邑达仁堂张氏阿胶糕制作技艺 ······· 144

徐氏中医正骨 ···················· 148

中医平衡旋转整脊疗法 ··············· 154

马纪庄眼药制作技艺 ················ 159

东阿镇福牌阿胶制作技艺（平阴）

> 2006年，平阴县的"东阿镇福牌阿胶制作技艺"被山东省人民政府列入第一批省级非物质文化遗产名录。2008年，被国务院列入第一批国家级非物质文化遗产扩展项目名录。

东阿镇隶属于山东省济南市平阴县，位于济南、泰安、聊城三市交界处，平阴县的西南端。在东阿镇有"一山一圣人、一水一圣药"的说法，其中的"圣药"就是指阿胶；"一山"指的是狮耳山，是古时东阿镇驴的放养地，驴皮是阿胶作坊熬制阿胶的原料；"一水"指的是狼溪河，是古时毛驴饮水和泡皮熬胶的水源，也是现存唯一的传统制胶水源。狼溪河水清冽甘甜、水质优良，没有有害杂质及重金属元素，含有多种对人体有益的微量元素。这些微量元素与阿胶中的蛋白质结合形成有机盐，使阿胶对多种疾病具有良好的治疗效果。自古至今，东阿镇制胶一直拥有得天独厚的自然条件。

阿胶起源于东阿镇，自黄帝及其女儿炼丹时煎制成阿胶，至今已有5 000多年的历史。如今在东阿镇的狮耳山上，仍有黄帝之女当时用于晾胶的胶台及取水遗址，分别为东柯台及柯井，柯井即最早的阿井原形。据《尚书·禹贡》载："（阿井）济水所经，清冽而甘，汲出日久不变味，煮黑驴皮为胶，可疗风疏痰。"在西汉淮南王刘安召集苏非、李尚等编著的《淮南子》中，有"阿胶一寸，不能止黄河之浊"一语，是现存典籍中称胶为"阿胶"的最早记载。

东汉末期成书的《神农本草经》中将阿胶列为滋补强身的"上品"。由此可见，我国开始煎煮阿胶，应当在公元前2 500年以前，大抵在我国原始氏族公社繁盛的新石器时代。伴随着陶制烹煮器的出现，人们在食用禽兽肉时，逐渐发现久烹兽皮形成的黏稠汁液可以用来黏合物件，干燥后坚固难破，进而发现了"胶"这种物质。兽皮本可食用，故胶也可食用。人们长期食用胶类食物后，发现它可以用来治疗某些疾病，于是胶又逐渐成为一种药物。关于胶的药用记载，始见于湖南长沙马王堆汉墓出土的古医帛书——《五十二病方》。

自明洪武八年（1375年）始，东阿镇就成为老东阿县县城，交通便利，经济繁荣，阿胶业曾一度达到"妇孺皆通熬胶"的鼎盛时期，成为远近闻名的"中国阿胶之乡"。经过历代阿胶人的实践与摸索，最终总结形成了传统的阿胶制备工艺。据东阿镇制胶老药工讲述，古法制胶均取东阿镇狮耳山的驴皮，浸于狼溪河内，再取狼溪河水制胶，后兑入阿井水作为药引子，不能随意更改。现代的阿胶生产在沿袭传统工艺的基础上加以改进，取而代之的是一系列理化指标。阿胶制作技艺作为"中药瑰宝"，是中华民族集体智慧的结晶，需要得到有效传承和保护。

图一　狮耳山上的驴

制备阿胶应首选狮耳山纯黑无病驴皮。首先，将驴皮清理干净，投入泡皮池内，至皮泡透，去除腐肉和脂肪，再将驴皮表面的毛刮掉；而后将驴皮切成皮块倒入洗皮池内反复漂洗，洗净后投入锅内，加热焯水至打卷后取出；锅内加水用猛火将驴皮煮至沸腾，然后文火煎熬保持锅内微沸一至两天，倒出煎液，静置冷沉12小时，先后共提取胶汁六次，直至煎出胶质。取静置冷沉后的

图二　去毛

图三　挂旗

上清液，合并至熬胶锅内进行浓缩，当胶液达到适当浓度时，便兑入适量凉水，稀释后用武火煮至沸腾，再用文火缓缓加热，这样胶液内的杂质便会浮上水面。当杂质由锅边聚集到中央时，用打沫瓢或打沫刀将其取出，俗称"打沫"。当胶液浓缩至一定程度后，用胶铲挑起，胶液呈连珠状慢慢往下流，俗称"挂珠"。此时加入豆油，用力将胶液搅拌，使油与胶液充分混合，胶液浓缩至一定程度时，接近出胶，至"吊猴"（用胶铲挑起胶液，胶液悬吊于胶铲上形如猴状）时，加入黄酒搅拌。当胶液表面鼓起馒头状的气泡时，俗称"发锅"。此时停止加热，使胶液内的气泡自然挥散。胶锅中出现"发泡"现象时，锅内的热气自然逸出，这个过程称为"醒酒"。胶液浓缩至一定程度时，用胶铲铲起，胶液黏附于铲上，呈片状缓缓坠落，称为"挂旗"。出胶前，将凝胶模清理干净，涂抹植物油待用。胶液炼成后，趁热倒入凝胶模内，胶液自然冷凝，胶液凝固成大胶块，此过程称为"胶凝"。胶液经12小时～24小时冷凝即可凝成胶坨，将模具打开，得胶坨。将胶坨修成长方形，用刀切成规整一致的长条，叫作"放大条"。把大条分解成规范小条叫作"切小条"，马上得到阿胶片，此过程俗称"开片"。切成胶片后，置于晾胶室内，待胶面干燥至一定程度，装入木箱内，经过三晾三瓦，即可达到使之干

图四　开片

燥的目的。胶片充分干燥后，用粗布蘸取擦胶水擦拭其表面，使胶片六面光亮有光泽，有直而明显的粗布纹理。将擦好的胶块进行质量验收，验收合格者，用银珠在擦拭好的胶块上印上特有的字号、品名，送入隧道式灭菌烘箱内，用紫外线灯照射灭菌。使用药用复合膜，把灭菌合格的胶块分块包装，俗称"包

图五　印字

图六　装入瓦胶箱

小块"。按照每斤8块的数量，装入盒内。用玻璃纸将每盒阿胶包起来，装入大箱，俗称"包大皮"。阿胶包装完毕后，由质检部门进行检验，检验合格者入成品库。

东阿镇福牌阿胶制作技艺依靠以师带徒、言传身教、祖辈流传的方式，延续至今。其制作技艺凝聚着广大劳动人民的智慧和心血，是中华文化遗产中的一笔宝贵财富，具有很强的民族代表性和典型性。东阿镇福牌阿胶制作技艺已被列入中华人民共和国商务部振兴中华老字号工程、政府非物质文化遗产保护计划。

东阿阿胶制作技艺（东阿）

> 2006年，东阿县的"东阿阿胶制作技艺"被山东省人民政府列入第一批省级非物质文化遗产名录。2008年，被国务院列入第一批国家级非物质文化遗产扩展项目名录。

东阿县隶属于山东省聊城市，位于泰山脚下，山东省中西部。东阿县是阿胶的发源地，生产阿胶已有2 000余年的历史。明代中后期，东阿县的制胶行业达到"妇孺皆通熬胶"的鼎盛时期。如今，东阿县成为国家命名的"中国阿胶之乡"。

阿胶自古以来就被誉为"补血圣药""滋补国宝"。阿胶甘平无毒，为药中上品，药补两宜，中医各科皆用，以扶正固本、御邪卫外载入瘟疫及非典治疗史。《本草纲目》载："阿胶，《本经》上品。弘景曰：'出东阿，故名阿胶。'"从曹植称阿胶为"仙药"，到唐代杨贵妃"暗服阿胶不肯道"，再到慈禧太后用阿胶保胎等故事，可以看出，阿胶一直是皇家贡品。千年临床应用证实，并经现代科学检测，阿胶具有补气养血、滋阴润燥等多重功效，系中医治疗血虚的首选之品。我国首部药学专著《神农本草经》称阿胶"久服，轻身益气"。东阿阿胶的制作技艺历经千年传承积淀，形成了精湛的东阿阿胶传统工艺。

东阿县有得天独厚的地理条件，所拥有的优质地下水可以说是东阿阿胶之魂，也是东阿阿胶制作技艺之魂。郦道元《水经注》中记载，东阿"有井大如轮，深六七丈，岁常煮胶以贡天府"。宋代沈括在《梦溪笔谈》中曾曰，东阿水"性趋下，清而重"，"取井水煮胶，谓之阿胶"。明朝医药学家李时珍于《本草纲目》中云："取其水煮胶，用搅浊水则清。故人服之，下膈疏痰止吐。其水清而重，其性趋下，故治瘀浊及逆上之痰也。"东阿县地下水系泰山、太行山山脉交会处的一股地下潜流。泰山之阴，太行之阳，阴阳交汇。此水经地下岩石和沙砾层层过滤，其性趋下，不但起到清洁的作用，而且融入了钙、钾、镁、钠等矿物质，色绿质重，有益人体健康的微量元素含量极为丰富。此水富含电解质，用来炼制阿胶，能把驴皮溶液中的油质、角质等杂质全部清除干净。炼制出的阿胶分子量小、纯度高、易被人体吸收、药效容易发散，符合"黑如莹漆，光透如琥珀，质硬而脆，断面光亮""真胶不做皮臭，夏月亦不湿软"的古代优良阿胶性状。东阿地下水和与之相关的东阿阿胶制作技艺，又构成了这项"非遗"的独特性和唯一性。

图一　化皮熬胶

图二　东阿阿胶挂旗

　　东阿阿胶制作技艺是我国中药传统生产工艺的典型代表。历经2 000余年的实践，历代制胶艺人探索形成了一套独特的技术。东阿阿胶制作技艺是中国劳动人民长期制胶智慧的结晶。传统阿胶制作工艺流程复杂，从原料加工到成胶需要经过泡皮、洗皮、刮皮、晾干储存、熬胶、切胶、晾胶、包装等50多道工序，且全由手工完成，每道工序的细腻程度和要求之高实属罕见，尤以熬胶、晾胶工序最为复杂。其间，挂旗、砸油、吊猴等工序颇显功力。这一严谨的工艺流程，实现了现代药理要求的促进蛋白质的分子量变化，做到了成品宜于人体吸收。因此，东阿阿胶制作技艺是我国传统中药制作工艺和炮制技术中的杰出代表。

　　这些生产技艺是中国劳动人民的智慧结晶，对于现代中药制作技术工艺的发展起着奠基性的作用，是一份极其宝贵的历史遗产。但由于传统阿胶工艺生产条件比较差，工人劳动强度大，生产技术难度高，工艺周期长，当今的很多年轻人不愿学。随着新技术革命及现代工业的发展，新技术、新工艺不断创新，以及不断引进新装备，阿胶的生产有了较大发展。但任何改进和提高都离不开传统的生产工艺，正是传统工艺与现代科技相结合，才形成了目前科学、规范、严谨、高效的现代化阿胶生产工艺。现代的阿胶生产工艺在沿袭传统工艺的基础上加以改进，采用一系列理化指标。用现代技术复制金锅银铲的手工

图三　东阿阿胶现代化擦胶

图四　东阿阿胶现代化晾胶

生产原貌，并规范驴种的选育，打造真正的绿色天然极品阿胶，可以使传统阿胶制作技艺得到更好的传承和发展。

2007年，秦玉峰获得"国家级非物质文化遗产东阿阿胶制作技艺代表性传承人"的称号，东阿阿胶制作技艺进入国家层面保护的序列。秦玉峰师从东阿阿胶第七代传人刘绪香老药师，全部掌握了阿胶传统生产各个工序的操作。秦玉峰指出，"非物质文化遗产需活态传承，政府投入是引导，更要靠传承人的积极性和责任感"，要通过生产性保护为非遗注入活力，通过弘扬优秀传统文化激发薪火相传的动力。

东阿阿胶作为中国传统医药代表之一，是中华民族五千年优秀文化成果，是中华民族在与疾病长期斗争的漫长实践和历史观察认识中积累的宝贵财富。大量典籍和方剂经2 000多年临床实践，印证了其非凡的药用保健价值；独到的工艺、所蕴含的中医理论和哲学思想，以及众多流传于世的文化史料，印证了其深厚的文化内涵。东阿阿胶兼具社会人文科学和自然科学价值，具有物质的、非物质的特征。其真正承载的是性味、归经、炮制共同构成的传统中医药理法，与其说它是药，倒不如说它是一个组合的传统医药概念。在其有效的实践和丰富的知识中蕴含着深厚的科学内涵，是中华民族科学与文化的瑰宝。

宏济堂中医药文化

2009年,济南市的"宏济堂中医药文化"被山东省人民政府列入第二批省级非物质文化遗产名录。2021年,被国务院列入第五批国家级非物质文化遗产代表性项目名录。

宏济堂是山东现存最早的老字号中药商号,深受当地人民认可,在齐鲁中医药行业具有较高的代表性。100多年来,宏济堂荣获巴拿马万国博览会金

图一　巴拿马万国博览会

奖、国家科技进步一等奖等各类奖项。宏济堂中医药文化起源于清光绪年间。据《宏济堂药目》记载，光绪三十四年（1908年），时任山东巡抚杨士骧委任乐镜宇开办"官药局"，"拨官款二千元"。后因入不敷出，乐镜宇"不惜巨资"取得所有权，将山东官药局更名为"宏济堂"，取"宏业济民"之意，这亦是宏济堂中医药文化的精神。宏济堂中医药文化以宏济堂为依托，历经百余年，在发展过程中传承有序，已成为解读一个世纪以来济南经济变化、山东医药发展、乡土中国社会变化的综合样本。

20世纪前期，随着宏济堂的规模不断扩大，宏济堂秉承"宏业济民"的魂根，形成了以"宏德广布，济世养生"为文化理念，涵盖业训、堂训、用人、药材选购、中药生产等方面的宏济堂中医药文化。中华人民共和国成立后，宏济堂融合了当时济南市所有中医药作坊的工艺、文化、历史，进一步丰富了宏济堂中医药文化内涵，形成了多元包容、重点一体的中医药文化。改革开放后，通过举办论坛、设立宏济堂博物馆等多种"走出去"和"请进来"的方式，其传布范围逐渐辐射至全国30余个省、自治区、直辖市、港澳台等地区，以及日本、波兰、俄罗斯等国家。

目前，宏济堂中医药文化作为宏济堂的基础和灵魂，已构筑了包括选材、药物制作、用人及经营等多方面的文化体系。宏济堂坚持"非一等货、陈货、有杂质的、非药用部分、非产地最佳"不要，强调原料优质；奉行"炮制虽繁必不敢省人工，品味虽贵必不敢减物力"的原则，尊崇质量第一；坚持"五不要（不孝敬父母、不忠实朋友、对人无礼、不讲信誉、不讲仁义）""五不登堂（贪财、贪名、懒学、术庸、轻穷）"，彰显"士君子"之风范；遵循"修合无人见，存心有天知"的经营理念，践行医者仁心的普世原则。

宏济堂中医药文化作为中国传统医药文化的重要组成部分，集中国优秀传统文化儒家思想之精华，在选材、用人、制药等方面均体现了以人为本的原则，具有较高的文化价值。在传承发展过程中，宏济堂强调人的主体地位，把人的生命价值作为出发点和归宿，体现了中国医药文化中的和谐价值观。宏济堂通过追溯体系保证药材的地道性，建立行业标准保证药品质量，将传统技艺与DNA检测等现代科学技术相结合，对药材选购、药品生产、产品检测的全过程进行严格把控，赋予传统中医药新的时代内涵，推动中医药行业在传承创新中高质量发展，让这一中华文明瑰宝焕发新的光彩，为增进人民健康福祉做出新贡献。宏济堂中医药文化以传统制药技艺、诊治技法、健康强身理念等为基础，体现了中华民族的健康观、养生观、文化观、哲学观，全面、完整、生动地记录了一个多世纪以来山东地区中医药行业的发展状况，具有较高的历史价值。

　　宏济堂从静态保护与动态传承两方面入手，致力于打造宏济堂中医药文化传承体系。宏济堂重视资料整理、学术研究，不断整理宏济堂厂志资料、生产记录、20世纪50年代至今的宏济堂重要文化发展变更资料、80年代的《济南中医药志》、创始人乐镜宇族谱，以及具有历史文化价值的制药器械等，并已出版《宏济堂药目》《宏济堂史目》等书籍；每季度举办宏济堂中医药文化学术交流会；强化实体传承空间的建设，创办了宏济堂中医院和国医馆，建立了宏济堂博物馆；注重培养传承人，开办儒学院，制定师带徒的规范制度，打造传承有序的格局。

图二　宏济堂博物馆

宏济堂博物馆和宏济堂中医药历史文化墙保存、展览、展示宏济堂百年中医药文化，是广大群众了解、学习宏济堂中医药文化的窗口。宏济堂中医院、国医馆和中药手工制作展示车间，为弘扬宏济堂中医药文化搭建了良好的实践和传播平台。创始人乐镜宇纪念馆，激励后人勿忘初心、秉承祖训，勇于担当弘扬宏济堂中医药文化的大任。

图三　宏济堂中医药历史文化墙

图四　乐镜宇纪念馆

宏济堂被誉为解读一个多世纪以来山东中医药发展历史、中医药文化传承、中药技艺创新发展的典型样本。在中医药上升为国家战略的新时代，宏济堂加大了对中医药文化的保护、传承与创新，进行了系统、完整、全面的总结与整理，这既是一种传承和保护，也是对中医药文化的创新与再造。在非物质文化遗产保护与传承方面做出了应有的贡献，对于发展中医药理论和实践，具有深远的历史价值和强烈的现实意义。

图五　宏济堂中医药产业园全景

赵培印面瘫膏药制作工艺

> 2009年，淄博市张店区的"赵培印面瘫膏药制作工艺"被山东省人民政府列入第二批省级非物质文化遗产名录。

张店区位于山东省淄博市中部，总面积244平方公里，人口约69万人，是鲁中地区交通和通信枢纽，南连泰山，北靠黄河，区位优势独特。该地历史悠久，是中华民族古老文明的重要发祥地。历史学家普遍认为，春秋战国至秦汉时期中医学主要分为两派，即秦派和齐派。据考证，2 000多年前，齐地的医学就非常发达。作为齐文化中的靓丽奇葩，历经岁月沧桑，齐派医学不断发扬光大，在中医发展史上绽放出灿烂的光芒，构成了中国传统医学文化的重要内容，对淄博地区民间医学的发展产生了广泛而深远的影响。

"面瘫"也叫吊线风、吊斜风、面神经炎、面神经麻痹等，一直被医学界列为疑难病症。因为治疗措施不得当，许多病人的面瘫非但未能治愈，反而引发了面肌萎缩、痉挛与抽搐等病症，造成了终生痛苦。据《清医官案》记载，慈禧太后也饱受面瘫的困扰，后来严重到了面肌痉挛的程度。对于治疗面瘫，当时中外医学界苦于没有良方，一直没有有效的治疗方法，直到清同治五年（1866年）赵家面瘫膏药问世，局面才得以改善。改变这项医学困境的人便是赵培印的曾祖父——赵台阶。

赵台阶是淄博人，受到了以扁鹊、淳于意、公孙光、公乘阳庆等为代表的齐派医学的熏陶。关于这段历史及赵台阶所创"面瘫面肌痉挛疗法"的效果，在《淄博市志》《淄博市医药志》《临淄区志》《临淄文史资料》等典籍中均有记载。具有百年历史的赵台阶家传膏药治疗面瘫面肌痉挛的方法，是植根于齐派医学这片沃土中的民间医学代表。据传，赵台阶家境良好，且乐善好施，是方圆百里有名的中医。他创办了"印泽堂"医馆，擅长以膏药治疗，治疗过程具有简便、经济、见效快的优点。大多肌肤之疾或心腹之患，一张膏药就能收到良好的效果，既不影响人们劳作，也省去了炮制汤药等环节，深受广大百姓欢迎。赵台阶在行医实践中，常遇到口眼歪斜的"吊线风"病人。见到他们痛苦不堪、长年饱受病痛折磨，却苦于无良法医治，赵台阶遂决心熬制"吊线风"膏药济人。通过多次试验，赵台阶发现，将自己制作的膏药敷在患者患处，并配合以中药服用，对于治疗面瘫及面肌痉挛病症有显著疗效。

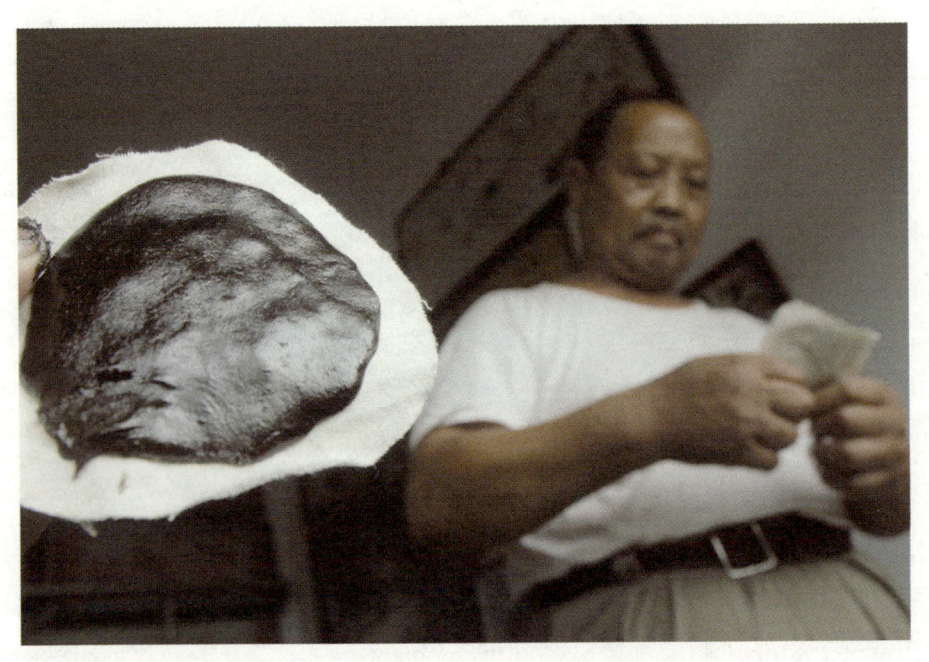

图一　赵培印老膏药

"吊线风"膏药采用近百种名贵纯中草药精制而成,通过穴位渗透,加强面部血液循环,激活恢复受损瘫痪的面神经,以达到治标治本的目的。在不影响工作生活的情况下,"吊线风"膏药能够有效治疗各类面瘫及面肌痉挛疾病。由于赵台阶意在帮助患者解除痛苦,他不计报酬,遇到家境贫困的患者,常舍药予以治疗。有时膏药不凑手,赵台阶便把配方交给患者,让他们自行买药,义务给患者炮制。赵台阶为众多患"吊线风"的百姓解除了疾病痛苦,因而享誉乡里。其子赵天津、其孙赵锡庚秉承家风,并世代延续。1953年底,抗美援朝志愿军一运输连驻扎在赵锡庚所在的村子休整。一位李姓小战士突患面瘫,房东赵荣鑫领着小李及时找到赵锡庚。贴敷了面瘫膏药后,李姓战士半个月便痊愈了。赵锡庚坚持不收取药费,于是,连长和指导员代表战士们特意登门道谢。至今,当地还流传着"赵锡庚为志愿军治病不收费,军民一家亲"的佳话。

赵台阶的面瘫疗法由赵天津继承下来,后传至第三代传人赵锡庚,第四代传人赵培印,第五代传人赵焘。面瘫膏药在赵锡庚和赵培印的手中得到了进一步发展。1951年,赵培印出生后,赵锡庚将治疗手法更名为"赵培印面瘫面肌痉挛疗法",将主打膏药命名为"赵培印面瘫膏药",可见其对儿子的厚望,盼他弘扬祖传绝技。从此,"赵培印"作为一个字号开始出名。同时"印泽

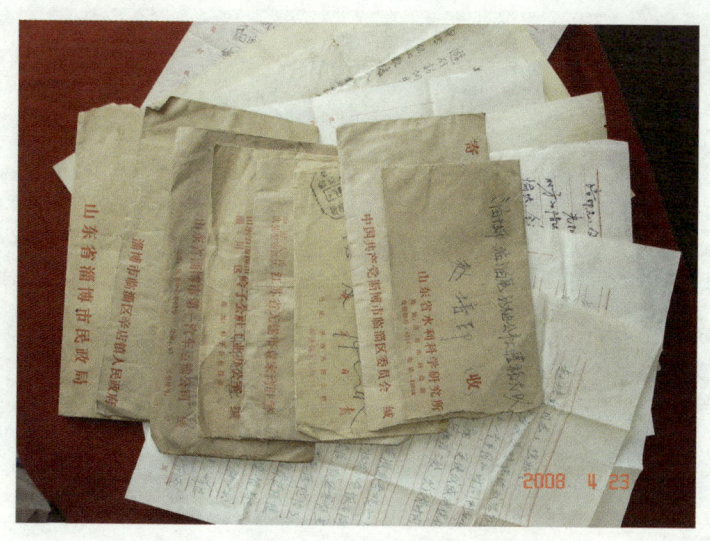

图二 20世纪70年代患者们写给赵培印的感谢信

"堂"的堂号依旧保留，一直到中华人民共和国成立后还有此旧称。

赵培印没有辜负家族期望，因受到家庭熏陶，他自幼对中医萌发了极大的兴趣。赵培印对于疑难杂症和中草药都有较深的研究。他对家传的面瘫疗法所涉及的环节及膏药配方进行了合理的增减，将一些现代医学的成功经验融入其中，使面瘫面肌痉挛疗法的治疗效果明显提升，实现了新的突破。

赵培印和赵焘经研究发现，面肌痉挛产生的原因包括焦虑、紧张和压力过大等。人体免疫力下降时，面神经产生微循障碍，若遇到诱因，如情绪波动、受凉、感冒病毒感染等，极易产生面瘫症状。有些病人是单纯面瘫或面肌痉挛，有些则是面瘫的同时伴有面肌痉挛。因为病种、病因、症状等不同，虽然都是针对面瘫病人进行的治疗，但在调理用药方面不能一概而论，应有所区别。

赵培印面瘫面肌痉挛疗法主打药物是面瘫膏药。其制作过程包括采集、浸泡、火熬、凝固、揉拽、储存等程序，每项程序均为手工。同时，制作过程对于时间、工艺均有严格的要求。膏药配方中的原料有几十种，既有名贵的中药材，又有就地取材的原料，如当归、川芎、白附子、生蚕、地龙等，须严格按照精确的配比。原料采集结束后，将各种原料进行浸泡，浸泡的时间

图三　熬制成的膏药韧性极强

因季节不同而有所区别，比如夏季通常是6天，冬季则为20天。熬制过程需要经过24个小时，其间需用特定的树枝不断搅拌。待原料药材熬制到一定火候时，将药渣捞出，加入适量樟丹。随后，把浓缩的药水倒入已添加冷水的陶瓷器具中，待凝结成固体。最后将新制的嫩膏药经冷水处理后，不断揉搋，使其质地均匀，便可储存使用。

从采集原料到产出膏药，需要近50天时间，制作工艺复杂而严谨。合格的面瘫膏药，色彩光泽应当是"黑如墨""亮如镜"。这样的膏药贴敷于穴位上，药物能够快速渗透皮肤，直达病灶，产生良好的治疗效果。

赵培印面瘫面肌痉挛膏药的优势在于能通过药物渗透，增强患者面部的血液循环，给瘫痪面神经血管提供营养，使受损瘫痪的面神经好转，重塑活力。尤其是"追风拔毒贴"系列，仅通过几小时的贴用，就可将侵入面部的邪风吸出，时间短，不影响美观。

赵培印面瘫膏药在百年来的实践中，治疗病例达18万例，均有详细的记录，充分检验了其效果。赵培印面瘫膏药制作工艺作为齐国古都的民间诊疗手法，是齐派医学的延续与发展。充分研究、开发和保护这一传统工艺，在深入研究齐鲁地区民间中医药文化、丰富中医传统疗法等方面具有重要的意义。

图四　传承人赵焘在展会上解答患者咨询

2017年，淄博印泽堂赵培印面瘫膏药被山东省人民政府列入第四批山东老字号，现已连续六次应邀参加中国非物质文化遗产博览会、中国老字号博览会，连续两次成为国务院"中医中药中国行"全国巡展项目。国家、省、市、区等各级政府部门及业界专家也给予了该项目较高的重视和扶持。《联合日报》《大众日报》《济南时报》《淄博日报》等报刊，及中央电视台、山东电视台等媒体多次对赵培印面瘫膏药制作工艺进行新闻专访报道，使这一民族品牌享誉全国。

　　如今，印泽堂赵培印面瘫膏药制作工艺已传承了150余年。正是百余年从不间断地造福广大群众，才使得"赵培印"品牌从无到有，发展壮大，历经沉淀成为宝贵的老字号。正可谓："齐派医学冠周秦，源远流长传后世；培印膏药名鲁中，独树一帜惠今人。"秉承着"印证信誉，恩泽病患"的理念，赵培印面瘫膏药制作工艺的传承群体在齐鲁大地孕育了一朵靓丽的中医药奇葩。

扈氏鼻炎药膏制作工艺

> 2009年，淄博市临淄区的"扈氏鼻炎药膏制作工艺"被山东省人民政府列入第二批省级非物质文化遗产名录。

临淄原名营丘，因东临淄水，齐献公时更名为临淄，是齐文化的发祥地之一。临淄区西连桓台县、张店区，南靠淄川区，东与青州市毗邻，北与广饶、博兴县接壤，境内国道、省道和城乡道路纵横交错，四通八达，构成了便利的运输网，有利于文化输出、交流与传播。

扈氏鼻炎药膏诞生于此地，是一种祖传治疗鼻炎的膏剂，对鼻炎引发的头疼、鼻塞、嗅觉减退、记忆力下降、喘息、流涕等症状具有良好的治疗效果。扈氏鼻炎药膏制作工艺距今已有650多年的历史，最早可追溯到元末明初扈氏远祖扈荣发明研制的中药药方。扈荣是河南汴梁（今河南开封）人，元末明初随家人搬迁至临淄扈家庄。他自幼就喜欢浏览中医书籍，经常配制中药给病人治病，是当地远近闻名的郎中。百姓们常出现头疼、鼻子不通气、胸闷、夜间发汗、健忘等症状，当时大家都把这种疾病叫作"鼻渊"。扈荣根据自己在典籍中学到的医学知识，尝试配方，并抓草药让病人服用，效果出奇的好。于是，扈荣的子孙就一直沿用这种方法来治疗"鼻渊""鼻塘"等疾病。

这一祖传方剂传到扈可正时有了重大突破。清乾隆五十七年（1792年），扈家后人扈可正在祖传治疗方式的基础上提出新见解：治疗鼻渊除了内服药物外，外用药物的效果或许会更直观、见效更快。在这个大胆的想法出现后，扈可正开始对原本治疗鼻渊的方式进行改革，由口服改为外用。他将所需中草药放在大锅里，加上猪油，慢慢地熬。经过多次实验，他终于创立出一套熬制鼻渊药膏的方法，制成了最初的扈氏鼻炎药膏。扈可正把熬制好的药膏用于治疗鼻渊及伤风感冒，疗效明显。自此，扈氏鼻炎药膏开始世代传承。

扈可正熬制药膏时用的是猪油，药膏气味比较大。同时，限于当时的社会经济条件，蘸取药膏的材料为硬纸卷成的纸筒，材质比较粗糙，因为人的鼻腔黏膜十分娇嫩，患者在使用这种药膏时容易引发不适感。从第一代到第六代，扈氏鼻炎药膏传人一直沿用最初的配方和熬制方式及治疗方法。到了第七代传人扈新立时，他在不改变家传配方的基础上，对熬制方式进行了改进。他将原来的猪油改为香油，去掉了药膏难闻的腥味，同时使其更加润滑、保湿效果更好，避免了鼻腔干燥的问题，对治疗更加有利。蘸取药膏的材料先是改为卫生纸，后来又改成脱脂棉条，柔软性更好，对鼻腔没有损伤。同时，将熬制时间由原来的12小时改为24小时，让药性能够更充分地融入药膏中，使药效发挥到最佳。不足之处是，蘸取药膏的材料全部为手工制作，卫生条件达不到，病人使用起来也不方便。

为解决这一问题，第八代传人扈福证将鼻塞改为"U"型鼻塞，借助现代设备辅助生产，保证了卫生质量，并且两侧鼻腔可以同时使用，更加方便。"U"型鼻塞底部与鼻小柱接触，不仅使药膏充分的与病变部位接触，位置准确，而且在鼻外部形成阻碍，防止鼻塞倒吸入鼻腔，安全可靠。扈氏鼻炎药膏疗效明显，显效率达95%以上，针对鼻窦炎、过敏性鼻炎等有特殊疗效。2006年5月，该项技术被国家知识产权局授权为国家专利；2007年5月，获得国家外观设计专利。扈氏鼻炎药膏进入国家保护项目的行列。至此，扈氏鼻炎药

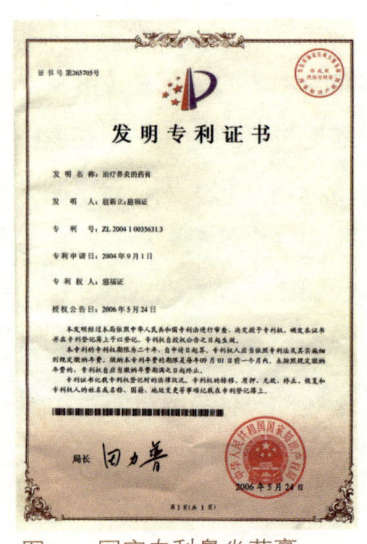

图一　国家专利鼻炎药膏

膏开始面向全国，为众多鼻炎患者解除了病痛。

扈氏鼻炎药膏为纯中药熬制，所用原料包括鱼腥草、大黄、辛夷、细辛、白芷、甘草等36味中药。首先将配制好的药材晾干，粉碎至80目或120目，这样药物和病变部位的接触面积更大，效果更佳。然后将药末放到香油中浸泡24小时，泡好后放置在火上熬制。初须文火，中间火力可以大些，待出锅时，亦须以文火结束，切不可熬焦，若不慎熬焦应倒掉处理。熬制时间为24小时～36小时，令药性能够更好地发挥。最后，将熬制好的药膏密封放置，避免风干而丧失药效。

扈氏治疗理论认为，鼻炎的病根是肺的宣发和肃降功能紊乱。肺气不宣，则会出现鼻塞流涕、咳嗽、痰稀色白等症状；肺失肃降，则可能出现呼吸短促、胸闷、咳痰等症状。针对上述病因，扈氏鼻炎药膏主要从三个方面施治。核心原理是通过"打喷嚏新式疗法"直接把肺浊气排出体外，彻底铲除病根，清肺毒、理肺气，从而根治鼻炎。除此之外，患者用药几秒钟后鼻腔会流出大量黏液及黄浊状脓性分泌物，改善鼻腔环境。毒素排出，气道通畅，气味分子能顺利到达嗅区；压力变小，头痛症状也可得到改善。特制的"U"型鼻塞是扈氏鼻炎药膏的另一特色，塞入鼻腔后能够直接对病变部位给药，消炎杀菌，修复受损鼻黏膜。

扈氏鼻炎药膏不是单纯地治疗鼻子，而是找到肺气不宣发、肺浊气沉积等形成鼻炎的原因，从病根入手，使药膏直接接触病变部位；同时，通过鼻内腔神经及毛细血管的传导和渗透，使患者打喷嚏，通过喷嚏反射，让患者将肺内积蓄的浊气毒素迅速排出，从而达到治疗鼻炎的目的。药膏塞入后，患者鼻腔不干不燥，湿润舒服，相对于内服药，避免了对患者肠胃的损害。俗语有云，"是药三分毒"，而扈氏鼻炎药膏为纯中药制剂，不添加任何激素，避免了强制抑制剂对鼻腔的刺激，药效温和，疗效更加持久。整个治疗过程无创伤，患者痛苦小。总体来说，扈氏鼻炎药膏是一种较为科学合理的祖传民间医药，是能够从根本上治疗鼻

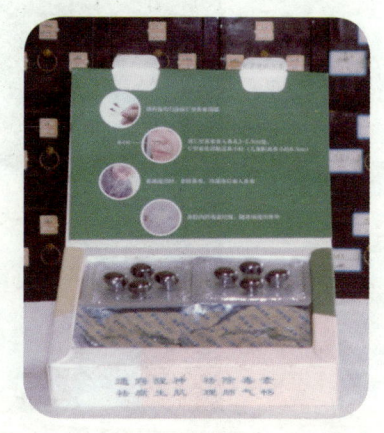

图二　扈氏鼻炎药膏成品

炎的药物。

扈氏鼻炎药膏制作工艺利用了中医学理论，采用"标本兼治"原理。其创立的"喷嚏式"排毒减压疗法，是对传统中华医药的一种创造性传承。经检验，该疗法科学合理，是中医治疗学的一次突破，具有很高的学术研究价值。作为淄博地方医药文化的杰出代表，扈氏鼻炎药膏治愈了大量患者，为我国人民的生命健康做出了应有的贡献。

扈氏鼻炎药膏以前主要是用于当地百姓鼻炎的治疗，到了20世纪80年代以后，随着对外宣传的增加和疗效的提高，就医患者扩大到全省范围，并逐渐扩大到全国范围。作为扈氏鼻炎药膏制作工艺第八代传承人，扈福证积极致力于该工艺的传承和发展，相继取得了国家专利和卫生鉴定证书，2004年开设了"立正堂"门诊，"立正堂"也成了淄博地区为数不多的治疗鼻炎的专业医疗机构。2014年，扈福证被评为山东省级非遗项目代表性传承人。多年来，他参加了"世界中医药大会""中国生命关怀协会培训会""中德经济技术合作论坛"等多项业内交流活动，对中医药传承与创新、中医人才培养做出了积极贡献，有力地推动了中医药国际化进程，切实造福人类健康。

目前，扈氏鼻炎药膏已经远销至江苏、福建、浙江、广东、广西、海南、西藏等20多个省市及自治区，为诸多饱受鼻炎病痛折磨的患者送去了福音。

图三　扈氏鼻炎药膏制作工艺第八代传承人扈福证

董家骨科正骨疗法

2009年,安丘市的"董家骨科正骨疗法"被山东省人民政府列入第二批省级非物质文化遗产名录。

安丘市位于山东半岛西部,地处沂沭断裂带东侧,三水环抱,是国务院批准的首批沿海对外开放县之一。优越的地理位置和深厚的文化底蕴为董家骨科的传承和发展奠定了良好基础。

董家骨科起源于安丘市贾戈董家王封村,董家祖上几代均是"擅正骨""通药理"之人。自清道光十年(1830年)起,经董氏数代人的探索、研究、实践,董家正骨由单纯的治疗断胫折臂发展成为一门较完整的综合正骨科。因当时董氏家族家境富裕,高祖董庆和并不以此为业,主要在民间行医,并不收取报酬。"董氏宅门挂箩筐"的故事在百姓之间流传了百年,穷人到董家看病,拿点梁米往箩筐里一放了事,没有人监督他们究竟放没放。董氏医道和仁心义举,传遍齐鲁。

董氏家族正骨已近200年。据《安丘民间文学三套集成》记

图一 董家骨科正骨疗法祖传医书

载，安丘有句民谣——"伤筋动骨不用怕，董家骨科最抓茬"，说的是早年安丘有个董氏家族，擅长骨科疾病的治疗。"抓茬"是安丘方言，有权威、专业的意思。此民谣流传广泛，如今七八十岁以上的老人，犹存儿时记忆，董家骨科在当地的影响可见一斑。民国时期的《董氏族谱》和中华人民共和国成立后的《安丘镇志》《安丘卫生志》，也进一步佐证了董氏家族擅长正骨医术。

安丘董氏起源于山西，出自姬姓，以官为氏。明洪武年间，董氏家族自河北几经迁徙，在今安丘贾戈董家王封村落地生根，繁衍至今已是人丁兴旺。当时的董氏家族是拥有好几百亩良田的大户人家，董氏高祖董庆和（1803年生），熟读史书，乐善好施，人送外号"董大善人"。清道光十年（1830年），一位旗人子弟路经渠丘（"安丘"古称"渠丘"），因贫病交加，困于东关村，遇到董庆和好心收留，并悉心照料。病愈离别时，为报答董家恩泽，旗人将几代家传的接骨秘籍赠予董家，传授正骨医术和医书作为报答。勤奋好学的董庆和潜心学习所得正骨医术，试着按旗人秘方给邻里众人配药，诊治骨伤、骨病，经过长期实践，功效显著。清道光十二年（1832年），董庆和创行医名号"天德堂"，形成了独特的董家骨科正骨疗法。

董家骨科正骨疗法主要表现在手法整复、小夹板、皮牵引固定、理筋按摩、中药制剂等方面。在理论上强调整体辨证、手法整复、夹板固定、内外用药、筋骨并重。该疗法运用摸、接、端、提、推、拿、按、摩正骨八法和董家祖传的推按法，用双手准确地诊断、整复各种骨折和脱位，特别对老年股骨颈骨折、肩锁关节脱位整复疗效较好。董家骨科对骨病患者运用家传秘方"接骨丹""活血散"及外敷膏药进行治疗，具有不手术、痛苦小、疗程短、花费少、疗效显著等特点。

董家骨科第五代传人董胜军在救治骨病患者的过程中，既秉承祖训，又不断在治疗手法和用药配方上总结创新，使得正骨理论逐渐成熟、正骨技术愈发精湛，主要有"手法整复""骨折固定""药物治疗"三大绝招。其在理论上强调整体辨证、手法整复、夹板固定、内外用药、筋骨并重。在正骨八法的基础上，董胜军创立了董家骨科独到的正骨、药物疗法。

董家骨科治疗手法十分独特。它在原有正骨八法的基础上发展并完善为三

图二　董家骨科代表性传承人董胜军授课

大类手法，即诊断手法、复位手法和活筋手法。所谓诊断手法，是指医者通过触、摸、探，对病情做出正确判断，即正骨八法中的手摸心会。复位手法，是指医者通过手法治疗使骨折圆满复位，主要手法有拨伸牵引、旋转屈伸、提按端挤、摇摆触碰、夹挤分骨、折顶回旋、按摩推拿等。理筋手法，即以轻柔的手法，按照肌肉、肌腱的走行方向由上而下顺骨捋筋，达到散瘀舒筋的目的，再配以活筋手法循经向远端疏导，配合点按穴位，通经止痛。

　　董家骨科骨折固定的方式也有独到之处。董家骨科正骨固定法可概括为小夹板固定、粘贴固定、绑扎固定、器具固定、积淀固定等，特别是便捷、实用的小夹板固定和皮肤牵引固定最有特色。在原有传统小夹板固定的基础上，董家骨科创造发明了许多简单易用、无痛苦的固定方法，如用石膏托加抱膝圈治疗髌骨骨折、用胶布粘贴法治疗肩锁关节脱位、用胶布皮肤牵引法治疗股骨、颈骨折等。

　　特殊的制剂方法是董家骨科的独门绝技。除口服"活血散""接骨丹"外，董家骨科还有祖传、独到的膏药熬制技艺。其熬制方法是：精选三七、乳香、没药、红花、血竭、自然铜、血余炭、赤芍、鱼鳔等30余味中草药，先将其中的28味倒入缸中，用香油浸泡，根据时令确定浸泡时间；泡好后将药和油全部置于铁锅中，用文火熬，熬至药物枯焦成黑褐色，滤去药渣，把油重新过秤倒入锅中，以武火熬至蹿红时，改为温火熬；当药油滴水成珠不散时下丹，采用火上下丹（丹要同时炒好），单一方向不断搅拌放烟；待温度下降，至无

图三　北京恭王府中华传统技艺精品长廊董家骨科正骨疗法项目参展

烟时，把剩余中药研成细末，放入锅中拌匀，冷却后捏成条，埋入土中5天左右，再浸入水中两周左右，每日换水两次，以去火毒，膏药即成。著名学者、诗人马萧萧（安丘东关村人）对董氏膏药的评价是，贴敷神、黑似漆、明如镜、贴得牢、揭得净。董家骨科制剂现仍采用家传秘方熬制，在我国的西宁、台湾台北、香港设立熬制药点，药方一直"传男不传女，秘而不宣"。董氏家族几代人的正骨医术，形成了独特的正骨手法及个性药物治疗；研制成纯中药制剂——"活血散""接骨丹"及外敷膏药。董胜军创造发明了石膏抱膝圈治疗髌骨骨折、胶布粘贴法固定肩锁骨关节脱位等骨折固定方法，为传承发展董家骨科正骨疗法做出了突出贡献，是董家骨科的代表性传承人。

董家骨科正骨医术几代传人秉承祖训，以中医理论体系为指导，采用独到的治疗手法和独特的骨折固定以及外敷内服制剂方法，体现了整体观点和内外并治的治疗思想，在诊疗手法和用药配方上逐渐丰富成熟。其疗效显著，康复期短，用具简便，治疗费用低，深受当地百姓的信赖。百年行医，锤炼出董家骨科"播善天下，关爱健康"的行医文化，使董家骨科成为齐鲁大地传统中医药文化的代表之一。

安驾庄梁氏正骨疗法

> 2009年，肥城市的"安驾庄梁氏正骨疗法"被山东省人民政府列入第二批省级非物质文化遗产名录。

肥城市地处黄河下游，历史悠久，文化遗产丰富，有大汶口文化遗址（北坛）、龙山文化遗址（中固留、贾北）、春秋战国遗址（南尚任）、西周遗址（小王庄）、汉代遗址（晒书城）、春秋史学家左丘明墓、齐长城、越国上将军范蠡晚年隐居的陶阳洞等29处古文化遗址。肥城地理环境优越，自然气候温和，文化底蕴深厚，人员居住集中，社会相对繁荣，为安驾庄梁氏正骨的创立和发展提供了优越的自然和人文条件。

梁氏后人在承袭祖传正骨医术及其秘方的基础上，经过历代人不断努力，将祖传正骨医术及祖传秘方发扬光大，形成了以祖传中医闭合整治技术复位、杉木夹板固定、外贴熬制独特的秘方膏药、内服秘方接骨汤、配合功能锻炼为特色的梁氏正骨医术。它以疗效显著、费用低、康复速度快、后遗症少而享誉大江南北。

1929年，《重修泰安县志》第八卷记载："增生，字莲峰，安驾庄人，精岐黄并发明接骨。凡跌打车轧皮不破而骨碎者，先接好，以膏药贴患处，再用竹木逼挺，勿使错位，不数日结成一片，愈后能负重，其效实过西人，世传遗术，远近赖之。"安驾庄梁氏正骨，取字号"德兴堂"（俗称"安驾庄柜

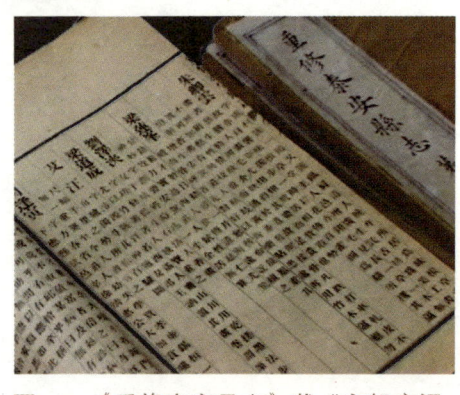

图一 《重修泰安县志》载"安驾庄梁氏正骨"

屋"），距今已有270余年的历史，是我国为数不多的祖传正骨派系之一。

清末，安驾庄梁氏正骨第四代传承人梁桂荣受家庭影响，幼时即怀济世救人之志。他认真研读《本草纲目》《伤寒论》《仙理伤续秘方》等中医名著，在父亲梁胜泉的指导下学习祖传正骨要术，20多岁即成名医。他继承先人经验，经多年临床实践，进一步完善了梁氏膏药的配方及熬制方法，后博取众家之长，创托举、折顶、屈曲、牵抖等14法，并发明杉树皮固护小夹板。他诊病扶困济危、厚法薄利，对无力付资者亦施术舍药，被乡里人广为赞誉，赠"济人好义""乐善好施"牌匾。梁桂荣承先人之手法，集临床之经验，著有《梁氏骨伤科辑要》《内科辨览》等中医书籍。

安驾庄梁氏正骨疗法主治四肢闭合性骨折、四肢简单开放性骨折、关节脱臼、腰椎间盘突出、早期股骨头坏死、颈椎病、肩周炎、骨质增生、骨质疏松、腰腿疼、手术后刀口感染、骨折迟缓愈合、骨髓炎等。其手法复位独特，刚柔并用、力度适宜、快速敏捷，以杉树皮小夹板固护，药分三期施治，内服汤剂、外敷膏药，加速骨伤创面愈合，后期导之以功能锻炼，附加中药汤洗，内外兼治、动静结合。梁氏正骨用药注重固护和恢复人体正气，贯彻"扶正祛邪、驱邪安正"之医道，辨证论治，充分发挥中药"治本正原""活血通络"之功效。梁氏骨科在继承传统、保持梁氏正骨特色医术优势的基础上，积极利用现代科技手段，使治疗效果更佳。

安驾庄梁氏正骨手法注重稳、准、狠、快。稳，即沉着稳重把握骨折部位，稳定控制医患情绪。准，即手法复位力争达到解剖复位的准确复位程度。狠，即手法复位刚柔并用、力度适宜。快，即动作敏捷，快速复位，减轻患者痛苦。梁氏正骨手法以《医宗金鉴》正骨八法为主，集众家之长，创安驾庄梁氏正骨独特手法和中药秘方，讲究"法"从手起、力度轻重适宜、快速敏捷

图二　梁氏正骨膏药摊制

（1分钟~2分钟）骨位"复正"、小夹板固护。

安驾庄梁氏正骨视骨伤病情，采取手法复位、内服中药消炎、外敷膏药愈合、杉树皮夹板固护等，前期静养，后期导之以功能锻炼，外加中药汤洗，具有内外兼治、静动结合的特点。

手法复位、梁氏膏药、夹板固定是梁氏正骨疗法三个重要组成部分，三个方面是一个整体，不可分割。梁氏膏药，药材选配严谨，由多种中草药熬制而成，配合治疗骨伤。梁氏正骨手法复位，不开刀手术，病人痛苦小，无新增

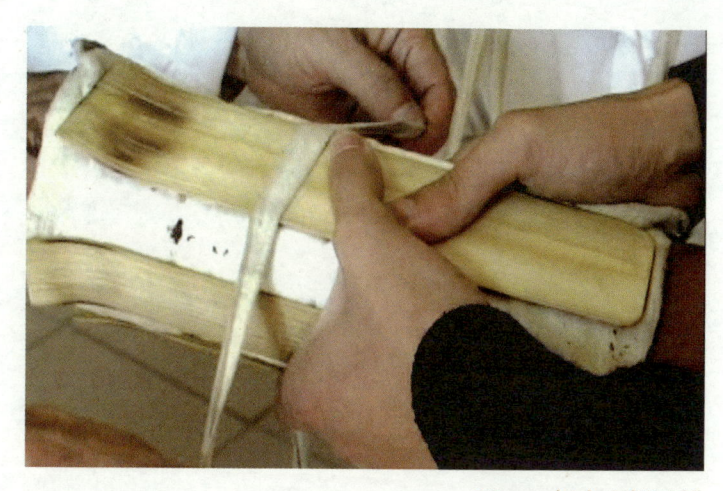

图三　杉木夹板固护

创面，感染概率低，疗效好，治愈快，康复后能负重。梁氏正骨曾分别治愈外地一例长达4年半和一例长达6年的骨折不愈合者。安驾庄梁氏正骨手法复位，用药注重固护和恢复人体正气，贯彻"扶正祛邪，驱邪安正"之医道，辨证施治，处方严谨，发挥中药"治本正原""活血通络"之功效，是有助于骨伤科患者治疗康复的不可多得的独特治疗方法。梁氏正骨器具加工简单，可就地取材自行制作，成本低、费用少、康复快是其最显著的特点。

  梁氏正骨对骨伤患者用药治疗分为三期，分别是血肿期、生长期、功能恢复期。血肿期（早期）前10天服用活血化瘀之中药，消炎、消肿、止痛。骨痂生长期（中期）60天～90天，外敷接骨膏（中药熬制），利于骨痂生长。功能恢复期（后期）约30天，外用活血汤洗剂烫洗，舒筋通络。（视病情合理用药，不稳定型患者需加牵引配合治疗）

  安驾庄梁氏正骨影响遍及全国，慕名而来的重症骨伤患者络绎不绝，其中不乏伤口感染久治不愈者，更有无数不愿做手术专程前来就医而迅速康复者。安驾庄梁氏正骨崇尚医德，致力于减轻广大骨伤患者的经济负担、解除其痛苦，有口皆碑，广为流传。自创立以来，梁氏正骨几经周折，医德不变，字号未改，正骨手法创新发展，传承谱系脉络不乱。安驾庄梁氏正骨疗法对弘扬传统医学文化具有重要的医学价值、学术价值和社会价值。

健脑补肾丸制作工艺

2009年，临清市的"健脑补肾丸制作工艺"被山东省人民政府列入第二批省级非物质文化遗产名录。

临清市位于山东省西北部，漳卫河与古运河交汇处，历史悠久，是省级历史文化名城。健脑补肾丸制作工艺历代传承，采用临清老中医孙锡伍五代家传秘方。该方成方于清道光年间，距今近200年。

清雍正年间，临清大寺街积善堂名医孙书林有两个儿子。兄孙振甲为二甲进士，供职祠部；弟孙振岐恪守家训，精研岐黄。乾隆三十六年（1771年），乾隆巡幸临清，日间拜庙赏景，夜来宴乐舟中。因极度疲惫，乾隆竟病卧于鳌头矶上，面色土黄，头晕目眩，神志恍惚，腰膝酸软。侍从太医所备药物用过均不生效，众皆惊愕。礼部尚书、协办大学士纪晓岚猛然忆起，同年孙振甲正值为父守孝在籍，遂寻门造访，共商延医问药之事。振甲闻之一怔，深感为皇上诊治祸福莫测，如邀当地医者治疗，倘出意外罪责难逃，更难向其家属交代，斟酌再三决意让胞弟振岐冒险赴诊。振岐临床确诊皇上是诸病交加，皆由肾虚所致，欲尽快奏效必须抓根本补肾养血。于是他用人参、鹿茸、狗肾、川牛膝等健脑益气、补肾壮阴；以茯苓、当归、尼骨、牡蛎等补气养血、安神益智；以豆蔻、砂仁、白术、甘草等健脾和胃、增进食欲，且将配方之各味药品共研细末，团为蜜丸供服。所幸药下一剂，皇帝即神清气和，饮食有加。三剂用后则思维灵敏、谈吐有序，精力充沛。宴前，乾隆帝喜形于色，口谕东阁大学士刘墉代书"春台鬐寿"四字嘉勉振岐，命纪晓岚榜书"杏林春暖"额其门楣。消息传开，孙氏名声远扬，求医者日繁，家景日富。

翌年，六月三伏，乾隆帝携嫔妃去避暑山庄消夏，留皇后居京料理宫务。皇后因终日劳顿，致心烦意乱、失眠健忘，且耳鸣胸闷、手脚怕凉。太医久治无效。因之，懿旨传振岐火速进京诊疗。振岐原住临清曾拜见过皇后，故今日凭脉象直言禀告："贵恙休虑，不难康复，但须安心静养，切忌恼怒气急。"当问及处方时，振岐答曰："皇上、皇后病出一辙，乃属肾虚供血不足之因。只要沿用皇上去年所服药物，另加肉桂、杜促、白芍、远志、金银花、酸枣仁、蝉蜕、牛蒡子等，烦躁定除，心悸立消。"果然，时经月余，几易处方，皇后病祛心安、肌肤红润、性情豁朗、经血正常。未几，东宫侍讲学士刘湄来报，太子近日失眠多梦、饮食反常、神经衰弱、记忆减退。皇后即召振岐速去东宫就诊。振岐观后仍以健脑补肾秘方制药予以服用。数日，太子浑身轻松，恢复健康，神清目明。宫中上下为此庆幸。恰逢乾隆帝归来，闻之龙颜大悦，亲赐振岐七品职衔，赏戴花翎，留宫侍御，振甲擢升太医院院使、督修药典。皇帝、皇后及太子前后所服成药钦定为"健脑补肾丸"，注册入典。孙氏兄弟身获殊荣，却心生忧虑。伴君如伴虎，人言可畏矣。正在去留两难之际，家书忽报慈母仙逝。于是，兄弟二人双双禀明圣上，归里奔丧。守孝未满即致仕居家。俟后，兄弟朝夕探秘勇攀医峰，著有《孙氏秘方集锦》一书问世。其"健脑补肾丸"名扬冀、鲁，乃至长城内外。

清代，广平府知府女儿患失眠症，知府广延名医而其病久不愈，知府招榜悬重金求医。孙锡伍曾祖揭榜应治，用祖传健身丸（健脑补肾丸原名）方剂进行治疗，疗效甚佳，月余而康复。知府赏重金而孙氏不受。知府赠折扇一把

图一 健脑补肾丸

并题字，告之曰"如有困难，持此扇可给予帮助"。为此，孙氏祖辈视其为秘方而不传。中华人民共和国成立初期，作为民主进步人士，孙锡伍曾经为许多罹患失眠症的老干部进行诊治。1949年秋，原临清县（今临清市）成立人民药社，孙锡伍为一些健忘失眠、肾虚体弱的老干部治病，献出健身丸秘方，并正式定名为"健脑补肾丸"，由原临清县人民药社生产。1950年，人民药社将该丸剂处方呈报县政府。经政府批准，河北省卫生厅（1952年以前，临清归河北省所管。）备案，该药正式投入生产。

健脑补肾丸采用人参、鹿茸、狗肾、杜仲、肉桂、白术、山药等健脾补肾，温壮命门，治疗肾虚症状；以茯苓、酸枣仁、当归、白芍、远志、龙骨、

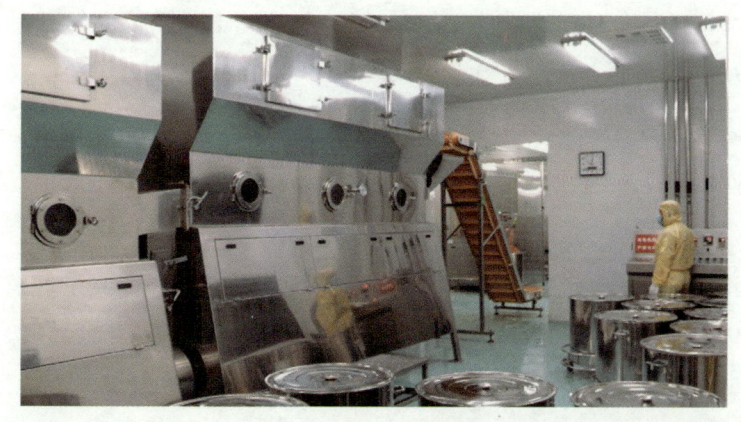

图二　健脑补肾丸生产自动化车间

图三　健脑补肾丸生产工序

牡蛎等补气养血，安神、益智健脑，直接治疗健忘失眠、多梦易醒、心悸气短等脑功能病症；以砂仁、豆蔻等理气和中，化湿醒脾。因体弱身虚者易患外邪，故配以金银花、连翘、桂枝、牛蒡、蝉蜕等，既可抑主药之温燥，又防外邪内侵。金牛草、甘草，清热解毒，调和药性。健脑补肾丸补而不滞，温而不燥，标本兼顾，深合中医理论。70多年来，健脑补肾丸制作始终按照处方要求，选用地道药材，细心挑选、遵方炮制，经过选料、水洗、干燥、配料、粉碎、制丸、筛选、分装等23道工序精制而成，每道工序都有严格的操作规范。丸粒大小均匀，光亮如珠，包装考究，携带服用方便，疗效确切。历经数十年研究，百年秘方与现代工艺完美结合。

健脑补肾丸自1980年起，连续10年获山东省优质产品称号；1985年，获国家中医药管理局优质产品称号；1992年，获首届中国医疗保健精品博览会金奖；1994年，"一种健脑补肾丸的制作方法"获得国家发明专利；1997年，获中国国际医药保健品博览会金奖；2005年，被评为"山东省名牌产品"；2007年，荣获"山东老字号"；2009年，健脑补肾丸制作工艺被列入第二批省级非物质文化遗产名录。

在多年的临床应用中，健脑补肾丸因其独特的调理滋补效果拥有忠实的顾客群体，其中包括许多国际友人。古老的药方已焕发出新的风采，传承着服务于人类健康的精神。

接骨膏制作工艺（全鸡接骨膏、活血接骨膏）

> 2009年，曹县的"接骨膏制作工艺（全鸡接骨膏、活血接骨膏）"被山东省人民政府列入第二批省级非物质文化遗产名录。

曹县位于山东省西南，地处鲁、豫两省八县交界处。据传远古时，神农氏"尝百草，始有医药"，从而开创了中国古老而辉煌灿烂的中医药文明。黄河流域作为中医药发源地之一，很早就建立了中医医学体系。位于黄河故道的曹县，有着得天独厚的中医药发展环境优势，也有着博大精深的中医药文化。接骨膏流行于曹县一带，随后扩展至山东全省，进而影响到四川、安徽、河南、新疆、内蒙古、黑龙江、江苏等省和自治区。由于曹县悠久的中药制作历史和环境，民间秘制全鸡接骨膏、活血接骨膏才传承发展至今。

千百年来，曹县境内流传着伊尹创始汤液之说。关于伊尹创始汤液之说，《资治通鉴》记载，伊尹"作汤液本草，明寒热温凉之性，酸苦辛甘咸淡之味，轻清重

图一　活血接骨膏

浊,阴阳升降,走十二经络表里之宜。今医言药性,皆祖伊尹"。他所创的汤液医疗法,为我国的医学事业留下了宝贵遗产。

膏药作为中药五大剂型之一,在我国由来已久。古代医学家就有言:"膏药能治病,无殊汤药,用之得法,其响立应。"我国第一部医药经典著作《黄帝内经》记载,早在战国时期膏药就得以广泛应用,称为"豕膏",用于涂治腋部小溃疡。《神农本草经》《难经》等著作中也有关于膏药的记载。另外,膏药在马王堆出土的《五十二病方》中也有记载。可见,中药膏药的制作和临床运用迄今至少有2000多年的历史。膏药用于临床始于唐初;宋代时,医药大为兴盛,膏药的种类越来越多,治疗范围亦越来越广,有的用于跌打损伤的止痛散瘀,有的用于脓肿疖子的"抽脓拔毒";到清代,膏药已经发展成为民间普遍使用的药物,贴膏药是人们骨折后常用的外治措施之一。悠久的中药制作历史,造就了骨伤膏药的兴盛。以前,鲁西南曹县境内民间多有为生计在街上打把式卖艺的,他们卖艺的同时卖些小膏药。骨科接骨民间秘制膏药,就是在这种浓厚的中医药制作环境中,经几代民间医师的努力创研而成。

骨伤古有"接骨""正骨""折疗"等名称。骨伤科的形成历史悠久,起源于原始社会,形成于隋、唐时期,成熟于宋、辽、金、元诸代,明清时期得到进一步发展。据《中国骨科技术史》记载,在医事管理上,元代时,骨伤

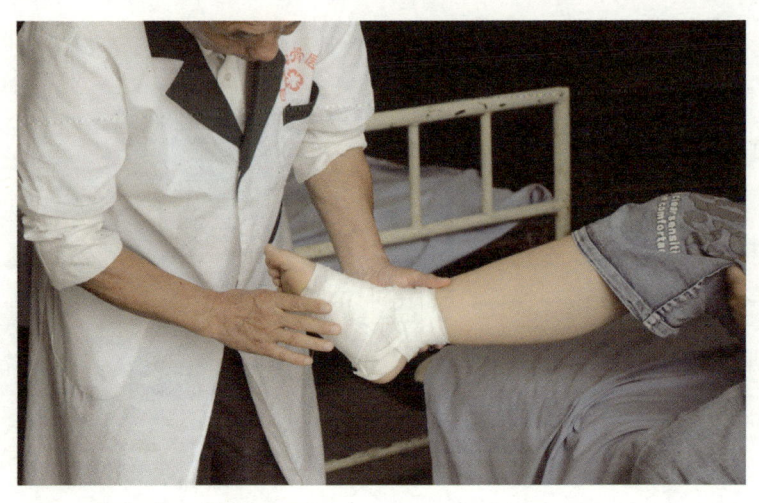

图二 活血接骨膏接骨治疗

图三 活血接骨膏制作过程

科在宋代的疮疗折疗科中独立出来；但在学术上，骨伤科自成体系当在隋唐时期，以蔺道人《仙授理伤续断秘方》为标志。在此之前，骨伤科已有较长时期的经验积累。膏药，以其独有的特点——便于携带和使用，在民间得以普遍应用，深受劳动人民欢迎。

接骨膏制作工艺中的全鸡接骨膏制作工艺，是几代民间医师结合民间传统膏药制作技艺，经过对膏药配方的潜心研究和改进，积极探索实践形成的一套独特制作工艺。全鸡接骨膏对接骨续筋、消炎止痛有显著效果。据接骨膏制作老艺人讲，全鸡接骨膏是陈姓民间医师创研而成，距今已有百余年的历史。他本是一个"托骨匠"（民间所说的迁坟人），在给别人家迁坟过程中，要把散开的人骨按人体骨骼结构重新摆放好入殓。久而久之，他对人体骨骼的结构了如指掌，并熟记于心。有一次，他路遇邻村的一位放羊人，那人不幸从树上摔下而导致小腿骨折。放羊人坐在地上不能行走，痛苦不堪。他慌忙上前查看，由于他非常熟知骨骼结构，很快就把伤者骨折处复位。此后，临近村庄的骨折患者均会找他医治，每次他都能很快地将患者骨折处复位。但他也要面对骨折患者接骨后患处疼痛肿胀的症状，因为正骨手法只是解决了骨折复位的问题，而不能解决疼痛肿胀的症状。中医认为筋骨受伤，主要症结在于气血，因此需要借助药物修复体内气血，从根本上治疗骨伤。后来他遍寻民间接骨老医师，结合他们外治骨折后患处肿胀疼痛的秘方，潜心钻研，终于成功制成"全鸡接骨膏"，在消炎止痛的同时接骨续筋。

中华人民共和国成立前，曹县境内正骨医生与售卖膏药者是分开经营的。一般情况下，正骨的不熬制膏药，熬制膏药的不正骨。活血接骨膏为一刘姓民间医师所创制。由于受当时医疗条件所限，刘氏后人继承祖传绝技，先是熬膏药看疮，其后才以熬膏药治疗骨伤而著称于世。其在鲁西南一带很有名气，刘氏后人的膏药在官方、

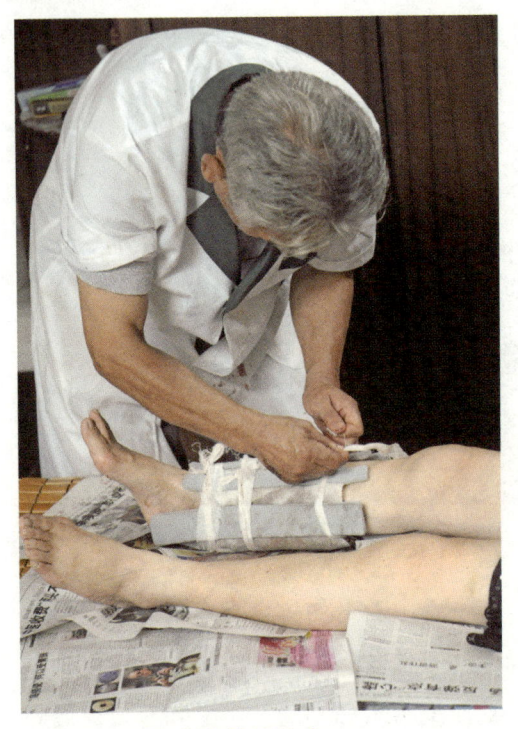

图四　全鸡接骨膏接骨治疗

民间均受到好评。他们与陈氏后人合作，在陈氏后人正骨复位后，给患者贴上"全鸡接骨膏"以消肿止痛续筋，然后用刘氏的"活血接骨膏"来辅助治疗，以利于骨伤患者骨折处尽快复原。

历史悠久、内容丰富的中医药，留下了众多的医药典籍和民间验方偏方，素有"单方气死名医""丸、散、膏、丹皆治大病"之说。民间验方秘方的神奇疗效在实践中屡被证实，在疾病治疗中起着重要的作用。也正因如此，这些民间验方秘方才一代又一代地被传承发展下来。

20世纪60年代，兴起"全国中医界名师带高徒"活动，王玉珍老医师得以拜师刘氏门下。在6年的学习中，王玉珍尽得刘氏亲传。刘氏老医师不仅传授他许多治病的家传秘方以及制作膏药的经验技术，还把接骨膏制作工艺中的活血接骨膏制作工艺密授与他。王玉珍20余岁开始行医，40余年的行医过程，验证了接骨膏可缩短骨折处生长过程的独特疗效。经过多年潜心钻研，王玉珍使接骨膏接骨续筋的疗效进一步增强，使患者骨折后的复原过程进一步缩短。经

过他的不懈努力和潜心钻研，活血接骨膏制作工艺被评为菏泽地区科技进步二等奖。他多次参加全国性的骨伤科医院学术研讨会，并在《中医正骨》杂志上发表多篇学术论文。

接骨膏制作工艺（全鸡接骨膏、活血接骨膏）依靠以师带徒、家庭传承两种方式，得以延续至今，并以其独特的制作工艺和消炎止痛接骨疗效在民间享有很高的声誉。曹县的接骨膏制作工艺体现了齐鲁文化中博大精深的中医药文化，在医学史上占有一席之地。

图五　制作全鸡接骨膏所用的母鸡

三字经流派推拿疗法

2013年，青岛市的"三字经流派推拿疗法"被山东省人民政府列入第三批省级非物质文化遗产名录。

红瓦绿树，碧海蓝天，这是岛城标志性的一景，浸润着岁月的浪漫；航船远航，广厦霓虹，这是青岛现代化的面容，展现着青春的靓丽。源于民间，走向现代，三字经流派推拿疗法在这片土地上逐渐成长起来。

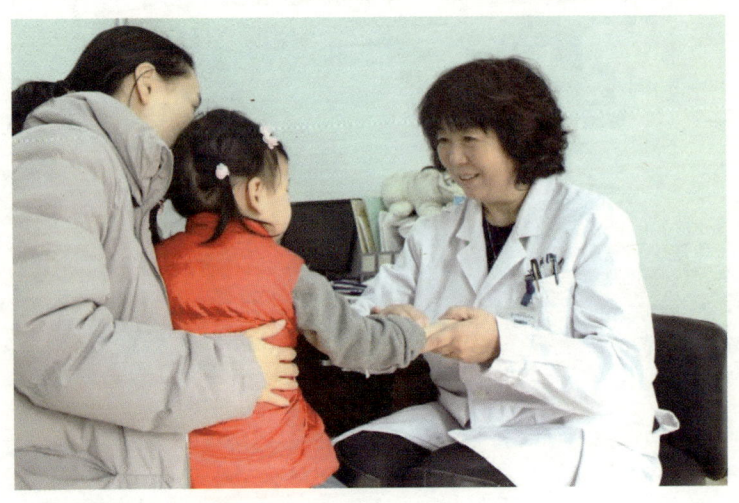

图一　葛湄菲为患儿治疗

三字经流派推拿疗法属于传统中医学的范畴，是当前我国小儿推拿主要流派之一。三字经流派推拿起源于山东牟平，发展兴盛于青岛，在当今医学领域影响遍及国内外，在中医推拿疗法中具有较高的知名度。

三字经推拿创建于1877年，因《推拿三字经》而得名。据《全国中医图书联合目录》记载，《推拿三字经》手抄本现仅存于山东中医药大学图书馆，该手抄本上标有"光绪丁丑春仲登州宁海徐宗礼字谦光号秩堂公自著"字样。

徐宗礼，字谦光，号秩堂，登郡宁邑人（今烟台牟平宁海镇），是三字经流派推拿疗法的创始人。据记载，他在同治十三年（1874年）返回家乡，从此弃商从医。他年近半百开始著书，历时5年终于完成了《徐氏锦囊》这部医学著作。他还特地在书后注明："《徐氏锦囊》万两不售，以为传家之至宝也。"而如今广为流传的《推拿三字经》，实际上是作者在《徐氏锦囊》基础上完成的。

《推拿三字经》虽然未曾出版，但依然广泛流传于民间，并且形成了自己的传承谱系。徐宗礼的孙子徐克善，继承祖业，凭借家传医术和勤奋习练成了小儿推拿名医。到了第三代传人李德修，三字经流派推拿疗法不断发扬光大。李德修是青岛市中医院的医生，凭借高超精湛的医术得到业界和患者的一致好评。作为传承人，李德修始终牢记技艺传承的重要责任，全力配合参与山东省对于中医事业传承的工作，向随他求学的孙爱兰、刘瑞英倾囊相授，将三字经流派推拿疗法薪火相传。

如今，三字经流派推拿疗法传承与发展的接力棒，正式传递到了葛湄菲医生手中。1983年，从山东中医学院毕业的葛湄菲在青岛市中医院儿科进修，跟随刘瑞英学习小儿推拿，成了第五代传承人。十余年的从医生涯，她始终将走好三字经流派推拿疗法的发展之路作为自己的目标，通过课题研究对三字经流派推拿的文献和技术进行了专门研究。为真正客观地掌握三字经流派推拿疗法的发展史，她曾先后到济南、烟台牟平、威海等城市实地考察。2012年，她以第一副主编的身份完成了"十二五"规划教材《小儿推拿学》，使三字经流派推拿进入了教科书。不忘初心，方得始终，葛湄菲用实际行动在三字经流派推拿的传承中做出了重要贡献。

图二 《实用小儿推拿学》新书发布会

青岛市中医院儿科见证了三字经流派推拿疗法三代传人的行医风采，也发挥着传承示范基地的重要作用。自1955年建科以来，青岛市中医院儿科以"三字经流派推拿"立足岛城、享誉齐鲁、辐射全国，是青岛市卫生行业特色专科和山东省重点中医专科建设单位。科室努力擦亮"金字招牌"，以临床应用作为传承基础，在学科带头人葛湄菲的带领下，完成了"三字经流派推拿文献整

图三 三字经流派推拿疗法（第十期）培训班

理研究""三字经流派推拿技术研究"和"三字经流派推拿治疗小儿泄泻临床验证"等3项课题,为整理、研究、实践三字经流派推拿疗法做出了实质性贡献。2007年,科室还创造性地注册了以三字经流派推拿为核心的"绿色医疗"图样商标,为其作为一项重要的中医流派在国内外实现规范化、品牌化推广奠定了坚实基础。2011年,三字经流派推拿技术成为山东省卫生强基工程第三批适宜卫生技术推广项目,共计开展短期、中期、长期各类培训班30余期,来自全国各地的学员经过学习都受益匪浅。

回眸历史,无论是在医学文献还是技艺传承,三字经流派推拿疗法都获得了长足发展。优秀传人与文字资料是三字经流派推拿疗法流传至今,并不断取得新成就的必要保障,二者缺一不可。传承人方面,三字经流派推拿起初是家族传承,后成为师徒传承,自产生以来形成了严格有序的传承谱系,从未中断;文献方面,在各代人的共同努力下,徐谦光的《推拿三字经》、李德修的《小儿推拿三字经》、葛湄菲的《英汉对照三字经流派小儿推拿》等著作一脉相承。百年风雨兼程,三字经流派推拿由民间技法逐渐走向世界医学的舞台。

作为独树一帜的推拿流派,三字经流派推拿疗法自然有其非凡之处。其特点主要体现在把握重点、五行取穴和操作便捷三个方面。

坚持抓重点、抓主要矛盾,在医学上来讲也就是抓主证和主穴。医生在掌握病情的基础上,会根据八纲辨证,做出全面系统的分析,着重分出主次关系,抓住治疗的关键,从而选择最恰当的穴位而

图四　三字经流派推拿著作与文献

一举击中要害，扫除病根，战胜疾病。

五脏辨证、五行取穴是对传统中医理论的传承和遵循。本着对患者负责的职业态度，三字经流派推拿讲求明辨寒热、虚实表里，然后根据五行生克原则选择最佳穴位进行操作。

因为三字经流派推拿疗法主攻小儿推拿，所以操作便捷是治疗的重要前提。小孩子有对扎针的恐惧、抵触心理和活泼好动的天性，这会导致治疗过程中医生治疗难度的增大。与其他流派相比，三字经流派推拿易于操作，能让患儿更容易接受。三字经流派推拿善用独穴，取穴少而每穴操作时间长，所取穴位多在左手及前臂部，便于掌握与操作，且疗效好。三字经流派推拿治疗的可重复性、可验证性强，创新性地做到推某穴代替某方剂，可谓别具一格。

中医医学是中国人民在生活实践中总结形成的实用性科学，并以其独特的医学理论和治疗方法成为当今世界医学领域不可或缺的组成部分，是中华文化的瑰宝。推拿疗法是中医疗法中的一门学科，具有防病治病的应用价值。经过数千年历代医人先贤的不断深化发展，该学科无论在治疗手法还是临床应用等方面都已经相当成熟。凭借优势明显、特色鲜明的诊疗技术，三字经流派推拿疗法成为中医医学宝库中的一朵奇葩。

操作方便、成本低廉、效果良好、无毒副作用，三字经流派推拿疗法为患儿提供了一种预防和治疗疾病的有效方式，得到了人们的广泛认可。在医疗机械日益发达的今天，三字经流派推拿疗法一反高技术崇拜的片面理念，引领崇尚自然、返璞归真的医疗消费理念，倡导绿色健康的生活方式，为建设"健康中国"贡献了一份独特的力量。

王三贴膏药制作技艺

2013年，中国中铁十局集团有限公司的"王三贴膏药制作技艺"被山东省人民政府列入第三批省级非物质文化遗产扩展项目名录。

我国古代医学家有言："膏药能治病，无殊汤药，用之得法，其响立应。"与打针吃药相比，使用膏药方便、无痛，更容易为人们所接受。膏药在我国由来已久，是中药五大剂型——"丸、散、膏、丹、汤"之一。《内经》《神农本草经》《难经》等著作中都有关于膏药的记载。《内经》中记载了一种猪脂膏之类的软膏，称之为"豕膏"，用于涂治腋部小溃疡。唐、宋时期，膏药治疗疾病的范围也越来越广，到清代，膏药已经发展成为普遍的民间医药。

膏药治病，取材方便、操作简单、费用低廉、安全无痛苦，加之治病范围广泛，易被人们所接受，特别是常患颈、肩、腰、腿痛等慢性劳损性疾病的中老年人，对膏药更是情有独钟。贴膏药疗法是中医临床常用的外治方法之一，遵循中医辨证论治及中药的功效、主治与归经的原则，充分调动药物互相协调为用的效能，组成多味药物的复方，以发挥药物的良好效果。膏药直接敷贴于体表，通过皮肤渗透，内传经络、脏腑，起到调气血、通经络、散寒湿、消肿痛等作用。唐代孙思邈著的《千金翼方》载有"乌麻膏"方，包含生乌头、麻油、黄丹及蜡。制法为"内油铜器中，微火煎之，至明旦看油减一分，下黄丹，消尽；下蜡令沫消以膏成……"由此可见，当时已有制备膏药的方法。宋代，由陈师文等撰、宋朝廷颁布发行的《太平惠民和剂局方》中，丸、散、膏、丹等中成药已趋完善。

膏药的制作步骤：

1. 浸泡：将辨证选配好的中药饮片倒入锅中，用植物油或动物油，如香麻油、菜籽油、猪油等，适量浸泡，一般浸泡24小时以上。煎煮时最好用铜锅、砂锅，现大多使用搪瓷烧锅、不锈钢锅，铁锅和新的铝锅不宜选用。

2. 煎药：将浸泡着中药饮片的油剂用文火煎煮，煎至药渣焦枯时，去渣，滤出药汁备用。

3. 浓缩：将滤出的药汁放入锅中，文火煎煮浓缩。煎煮时应注意搅拌均匀，防止变焦煮糊，继续煎煮，得到浓缩液。此时再兑入黄丹（或铅丹）、松香等，继续加热浓缩为稠膏即可。

4. 收膏：使稠膏保持在煮沸状态下，向浓缩膏内缓缓倒入研细的细料药，如人参、鹿茸、乳香、没药等，边加边搅均匀，同时控制好火力，以免溢锅或粘底烧焦。这时浓缩液逐渐变稠，各种药料在膏内的分布也逐渐均匀，待药液黏稠，用筷子插入取出时药液挂在筷上不易滴下或滴水成珠时，说明膏已成。

5. 盛装：将煎好的膏方凉透，去火毒后，装入容器中，如搪瓷锅、瓷瓶等。这些容器要事先清洗干净、烘干消毒后再使用，以防日后膏方发霉变质。使用时，可将药膏直接涂敷于患处，包扎固定；或烘热摊膏外用，可摊在硬纸上，或动物皮上，或纱布上；外贴肚脐，或穴位，或患处。

王三贴纯蜂蜜中药发酵膏药可渗透皮肤4厘米～10厘米，有消炎、止痛、消肿、活血化瘀、通经活络、开窍透骨、祛风散寒、舒筋活络、祛腐生肌、软坚散结等功效。贴于体表的膏药刺激神经末梢，通过反射扩张血管，促进局部血液循环，从而改善患处周围组织营养、改善骨质生长环境供给骨质营养，达到消肿、消炎、镇痛和修复黏膜组织和骨细胞的效果。

王三贴膏药有着多种疗养功能，其中所含的丰富中药成分以及科学合理的搭配起到了关键作用。方中的药能解决疼痛、麻木、活血化瘀、止痛治本，去除筋骨类风湿，清热解毒，迅速消除各关节里由于风寒湿邪而产生的酸痛麻，温阳宣痹，兴奋镇痛等效用。因其家传配方中采用了疏风化湿、活血通络、强筋壮骨之法，所以能够使药物快速透骨直入病灶，消除散结，片刻止疼，进而达到除病之效果。

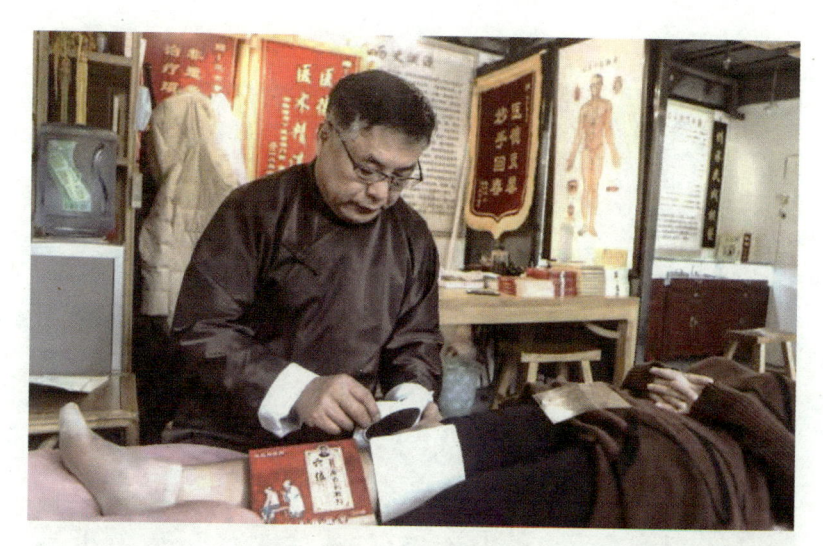

图一　王士合为腿疼患者贴敷王三贴膏药

使用王三贴膏药，要先用生姜擦患处后再用药。用药前期有时会出现冷热疼痛等症状。一贴膏药用3到5天，4天后揭下换新药，一般4到5天见效，8到10天效果明显，7贴为一个疗程。这期间需清淡饮食，不吃牛羊肉，忌食辛辣刺激的食物。使用膏药后如有患处发痒、疼痛、又酸又胀、麻木、出水泡、起红疹、没感觉以及身体疲乏的情况，这表明患处正在恢复好转。

王士合是王三贴膏药第四代传承人，毕业于山东省中医药大学针灸推拿专业，从事中医临床工作40余年，已治愈患者数万人。他自幼受家庭熏陶酷爱中医，多年来一直专攻膏药制作技艺及中医针灸推拿整骨专业，曾先后在中国中医科学院针灸医院、尼泊尔中华医院进修与工作，积累了大量临床经验。为了传承与发扬中华优秀传统文化，满足人们健康生活需要，王士合通过各种方式普及中医知识，弘扬中医文化、营造中医文化氛围，提高民众参与非遗保护的参与度与文化认同感。

由于工作突出，王士合于2008年被国家中医药管理局授予"中医药继承与创新奖"。2013年7月，"王三贴膏药"牌中药制剂系列产品入选为"中国著名品牌"。2020年6月，济南玖愈堂生物科技有限公司被评为济南市老字号单位；同年7月，入选"中国驰名品牌"。2020年7月，"王三贴膏药"中药制剂系列

图二　患者为王士合送锦旗

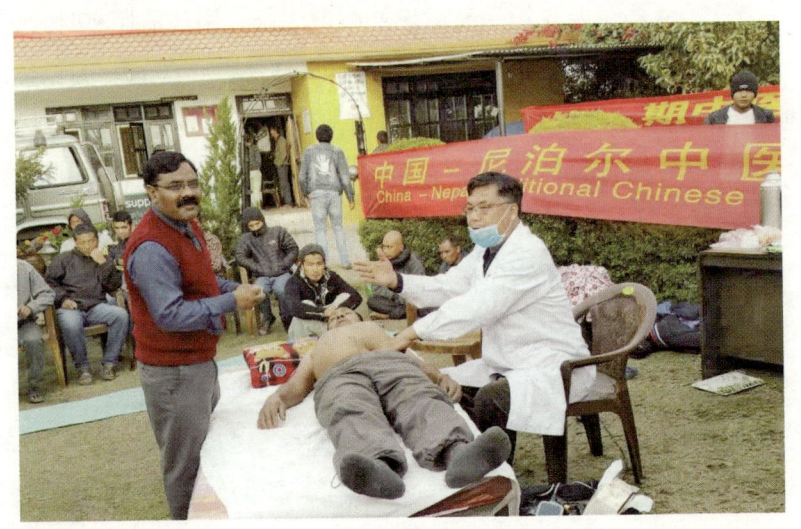

图三　王士合在尼泊尔传授中医推拿技术

产品入选"绿色环保产品"。

2020年,膏药博物馆在济南百花洲成立,馆内陈列有20多本有关膏药的历史文献古籍和膏药制作工艺的工具、微缩模型,真实还原了传统膏药的制作步骤,让群众更直观地了解中医文化的历史及膏药的制作流程,让更多的人能参与传承中医文化。

膏药作为中医的智慧结晶,有着悠久的历史。"王三贴膏药"在现代的传承与发展,造福了现代人,要进一步加强对传统中医药的创新,让中医的精华不断地传承下去。

图四　王士合在济南百花洲膏药博物馆

宏济堂传统阿胶制作技艺

> 2013年，济南市章丘区的"宏济堂传统阿胶制作技艺"被山东省人民政府列入第三批省级非物质文化遗产扩展项目名录。

济南，名泉众多，趵突泉畔自宋朝起便萦绕着阿胶的醇香。在中国阿胶制作历史上，趵突泉便与百里之邻的阳谷县阿城镇的古阿井交相辉映。直至明清，流沙伴随着黄河的改道堵塞了济水之源古阿井的水脉，古阿井逐渐废弃，中国阿胶制作中心逐渐转移到济南趵突泉东流水畔。《神农本草经》将其列为上品，《本草纲目》中更称之为补血之"圣药"。追溯阿胶之源，《神农本草经》载"阿胶，其功效在于水"，而发于王屋山下、于地下伏行千里的山东济水为熬胶的地道用水。济水水清而质重，"其性趋下而纯阴，与众水大别"（《梦溪笔谈》），熬胶时利于杂质及浮沫的清除。史料中也记载，山东德州的黑驴是熬制上品阿胶的最佳原料，《本草纲目》曰："阿胶以乌（黑）驴皮得同井水煎成乃佳尔。"独特的地理优势，成就了山东济水一带成为熬胶圣地。山东阿胶成为正宗阿胶的代名词，是山东著名的特产之一。

济南宏济堂药店的创始人乐镜宇（1872年生），为北京同仁堂乐家第十二代传人。其先世于清康熙年为经营药业移居北京，后创设同仁堂，迄今已300余年。至清道光年间，同仁堂已是闻名遐迩。乐镜宇的祖父乐平泉有四子，乐镜宇是乐叔繁之子。据当代著名导演、乐镜宇养子郭宝昌撰文介绍：乐镜宇学习刻苦，自学成才，不仅是一位医术精湛的好医生，还是一个中成药发明成果累累的中药学家。乐镜宇一辈兄弟共17人，乐镜宇最不得其父兄的欢心。叔父乐朴斋曾对乐镜宇说："将来不许你动草字头（指药业），这行饭你不能吃，你捐个官，远远地躲开我。"乐镜宇经此刺激，反而下定决心，非搞药业不可。乃私下与同仁堂的老职工交往，潜心学习医药，渐有心得。

1902年，同仁堂少东乐镜宇斥资捐官山东候补道自京来济候补，并涉药。1905年，适逢故交山东巡抚杨士骧。杨乃拨官款白银两千两，委托乐镜宇举办官药局。1906年，山东官药局开办。1907年，杨调任直隶总督，官药局有违清规被参，因经费不足难以为继。乐镜宇归还官银两千两，取得"山东官药局"承受权，更名"宏济堂"，承"宏德广布，济世养生"的理念。1907年，宏济堂药店正式挂牌营业。据《同仁堂志》记载，济南宏济堂是与北京同仁堂同宗、同源的第一家"乐家老铺"京外分号。由于宏济堂是同仁堂第一个正宗分支，无形中享有了北京同仁堂的巨大资源，最初所经营的药材、成药，甚至从管理人员到一般店员均是来自北京同仁堂。

1909年，乐镜宇看好山东阿胶的销售行情，注意到趵突泉东流水云雾润蒸、甘甜清冽，有聚精纳气之灵秀，于是决定在胶庄林立的西关东流水街开办宏济堂阿胶厂。乐镜宇这位从大宅门里走出来的同仁堂少东，对阿胶质量要求甚高，不怕费工费料，务求精良。当时药业行中销售的阿胶，都有驴皮腥秽气味。为解决此问题并提高功效，乐镜宇潜心研读历代相关文献，遍访制作阿胶的名家高人，研制出了制作阿胶的独特配方，又从阳谷县聘请胶工刘怀安等人来济南熬制。乐镜宇为做出上品阿胶，在总结千年熬胶经验的基础上反复试验，不计工料，终于创出了"九昼夜精提精炼法"（即"九提九炙法"）。

该工艺严格选用山东德州黑驴之鲜驴皮，使用济水之菁（泉城之泉水），添加精选药材，精确控制熬胶、提炼、晾胶等环节的时间、温度、湿度，熬制过程中采用九提九炙法纯手工熬制，从而生产出"祛除腥臭气味、调和滋腻之性、鼓舞气血、色如琥珀、清透甜润、疗效显著"的独家臻品阿胶。具体操作程序十分复杂，可简单概括为："冬至剥毛，惊蛰起灶，铜锅银铲，桑柴火烧，九提九炙，九昼取膏，工序九九，繁而不少，春分阴曝，立夏成胶。"这种工艺较之以前的熬制方法多了66道工序，增加了6个昼夜，所用时间是原来的3倍。这种工艺要求在熬煮化皮后，增加了胶汁冷置沉淀3至4天的工序，利用胶汁的一热一凉，蒸发散逸胶汁中的腥秽气味，同时不停打沫，撇净含有杂质的胶沫，以确保胶的纯净度。

此外，原来的阿胶内不加药料，系纯皮胶；但乐镜宇加入阳春砂仁、越南高山官桂，以及陈皮、甘草等多味地道调味药料，还加入贵重药材，如参茸。胶加入人参、鹿茸等名贵药材，龟板胶用河龟板，鳖甲胶则用河鳖之甲等，使得阿胶疗效大增。因此，阿胶成了宏济堂的名品，依此方法熬制成的宏济堂东流水阿胶，因质地纯正、色如琥珀、气味甘香、疗效显著，一经销用，声名鹊起。宏济堂阿胶自诞生之日起，其"产品成色之佳、效力之宏都超过了东阿、阳谷产品"（《济南中医药志》）。当时生产的阿胶为"福、禄、寿、财、喜"五字胶和精研、墨锭、极品、亮十六块、亮三十二块、黑十六块、黑三十二块等不同型号共十二种。

宏济堂生产的阿胶一问世，即被定为皇家专用品，被清皇宫奉为珍品"九天贡胶"。当年宏济堂进宫送药的"折子"至今仍珍藏于山东宏济堂博物馆。1914年，宏济堂东流水的阿胶获"山东物产博览会最优等褒奖金牌"；同年，

图一 宏济堂东流水阿胶精品

获铁道部、实业部颁发的"超等"奖状,这是当时华夏制造业之最高褒奖;1915年,宏济堂生产的"福"字阿胶获巴拿马万国博览会优等金牌奖,被时人誉为"国胶"。宏济堂的阿胶是第一个迈出国门、获国际金奖的中药制品,由此开创了阿胶行业前所未有的鼎盛局面,掀开了中国医药史上辉煌的一页,也

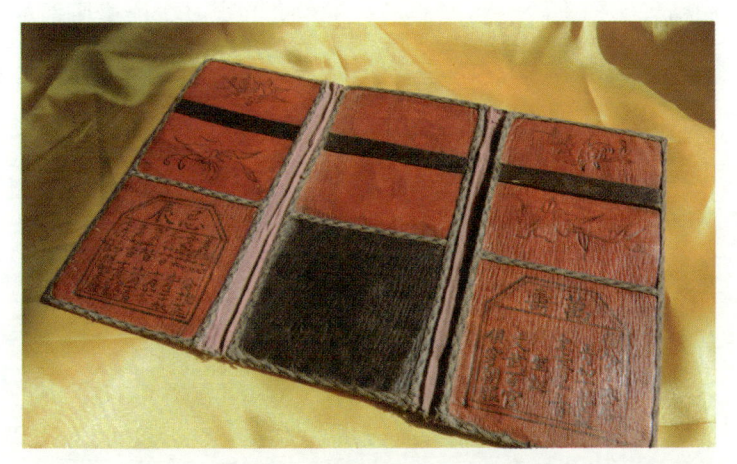

图二　宏济堂东流水阿胶进贡朝廷时所用的手折子

1914年,宏济堂东流水阿胶获得山东省最优等金牌奖（资料翻拍）

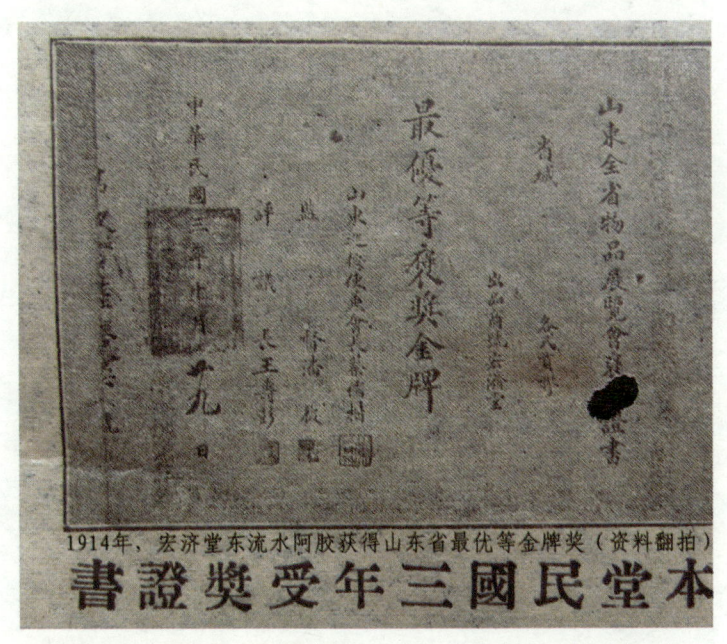

图三　宏济堂东流水的阿胶获"山东物产博览会最优等褒奖金牌"

奠定了中国阿胶的创始品牌。宏济堂生产的阿胶以其纯正的原料、正宗的生产工艺和神奇的疗效享誉国内外。《济南中医药志》载:"宏济堂的阿胶在国内销于上海、广州、浙江、福建、安徽等省(市),在国外行销马来西亚、新加坡、印度尼西亚、日本等国。当时阿胶市场几乎为宏济堂所独占。"

乐镜宇独创的宏济堂传统阿胶制作技艺(九提九炙法),融合了千年阿胶制作工艺的精华,使阿胶的生产质量有了重大的提升,所产阿胶的色泽、气味、口感、效果和生物利用度都是现在常法生产的阿胶无法比拟的,在山东阿胶制作技艺中独树一帜。

宏济堂传统阿胶制作技艺拥有近百年的历史,凝聚着一代代传承人的智慧与情感,具有丰富的历史与文化内涵。

二仙膏古法制作技艺

> 2013年，济宁市的"二仙膏古法制作技艺"被山东省人民政府列入第三批省级非物质文化遗产扩展项目名录。2014年，被国务院列入第四批国家级非物质文化遗产代表性项目名录扩展项目名录。

济宁有7 000年的文明史，素有"孔孟桑梓之邦，文化发祥之地"之美誉。在古代，济宁不仅是儒家圣地，更是重要的交通枢纽。济宁在运河鼎盛时期形成了"江淮百货走集，多贾贩，民竞刀锥，超末者众"的商业氛围，在城南靠近运河码头一带，形成了长达32公里的城郭商业区。明代中叶，济宁已成为一个"车马临四达之衢，商贾云集五都之市"的繁荣商业城市，有中医药店铺100多家，药材交易日吞吐量达几十万市斤，济宁也因此成为全国十大重要药材市场之一。

400多年来，有这样一味养生良药伴随着悠悠运河之水广为传颂，这就是"二仙膏"。"二仙膏"为广育堂经典古方，是国家首批中药保护品种，国内独家生产，为虚证类良药。广育堂历代传人颇有儒家之风，在商业之外广济百姓，还被当地百姓编入顺口溜儿："老运河，长又长，抓中药，广育堂。广育堂，广济世，初一施，十五济。老中医，有绝技，拴娃娃，数第一……"

我国的中医药文化源远流长，膏方的源头可以追溯到《黄帝内经》和《五十二病方》。明清时期，膏方更趋完善和成熟，表现为膏方的命名正规、

图一　闷药蒸药

制作规范、数量大大增加，临床运用更加广泛。"二仙膏"生产历史悠久，传承最早可追溯到明代，清代被征为皇家保养用药。"二仙膏"具有滋阴助阳、益气养血的功效，因选药地道、炮制得法、制作精细而成为皇帝、妃嫔选用的滋补佳品，也是孔府历代必备的保养用药。"二仙膏"古法制作技艺几百年来一直被传承。

明代太医院的宫廷御医徐春浦，遵照古方——神仙不老丸和乌鸡丸（这两个滋补品分别适用于男性和女性）的组方思路，融合这两个滋补品的优点，结合临床经验，以这两个滋补品的配方为主，成功研制了男女皆宜的滋补养生用药——"二仙膏"。此膏方兼有治病和滋养双重作用，适合多种年龄阶段的人服用，具有滋阴助阳、益气养血、四季养生的功效。

明正德十三年（1518年），"一体堂宅仁医会"会员李广瑜携御医徐春甫的《古今医统》《蠡斯广育》等著作，在济宁创建中医坐堂药店，创建了济宁"广育堂"，创始人李广瑜被当地群众称为"李广育"。其后几百年，"广育堂"经久不衰,"广济世、育众生"世代相传。

"二仙膏"是广育堂的招牌产品。"广育堂"用药不离于古,不泥于古,以病为务,应证裁方。"二仙膏"处方中包含人参、枸杞子、鹿角胶、龟板胶、牛鞭(干)、黄芪(蜜炙)、熟地黄(砂仁拌)、何首乌、五味子(酒制)、沙苑子(盐炒)、牛膝、核桃仁、黑芝麻(炒)、山药(炒)、远志(制)、丹参,辅料为蜂蜜、泉水。制作过程中用到的器具有称量工具、药碾子、切刀、陶瓷容器、陶瓷缸、勺子、竹筛子、柴炉、沙陶瓷容器、箩、砂锅、锅铲等。

此方中,人参健脾养胃,益肺生津;何首乌滋精养血,乌须黑发,强壮筋骨,是古今常用的延年益寿药物;山药味甘性平,入肺、脾、肾三经,《神农本草经》谓之"主伤中,补虚羸,除寒热邪气,补中益气力,长肌肉,强阴,久服耳目聪明,轻身不饥延年";枸杞子味甘性平,入肝肾二经,《神农本草经》将其列为上品,称其"主五内邪气,热中消渴,周痹风湿。久服坚筋骨,

图二　清洗龟板、制胶、氧化、炼蜜

轻身不老，耐寒暑"；核桃仁养血以滋补肝肾，益精明目；丹参配以五味子通脉凉血，全方合用；龟甲胶通任脉而滋阴助阳，益气生津；鹿角胶通督脉而壮阳补肾，强筋壮骨。"龟鹿二仙"乃"血肉有情之品"，两药合用贯通任督二脉。纵观本方阳生阴长，气旺血冲。阴阳双补，补而不滞，温而不热。滋阳而不滋腻，助阳而不燥烈，为阴阳气血俱补的滋补良药。诸药相合，乃阴中求阳、阳中引阴之意。

俗话说："膏方补不补在医生，灵不灵在制膏。"二仙膏古法制作技艺要求选用药材道地、炮制得法、制作精细，制作膏体要选择最佳时令和节气。根据个人体质辨证应用二仙膏进补，既能治病，又能防病。

二仙膏古法制作技艺是中国劳动人民长期的智慧结晶，难以被现代技术替代，是一份极其宝贵的历史遗产，对我国的中医药文化影响深远。

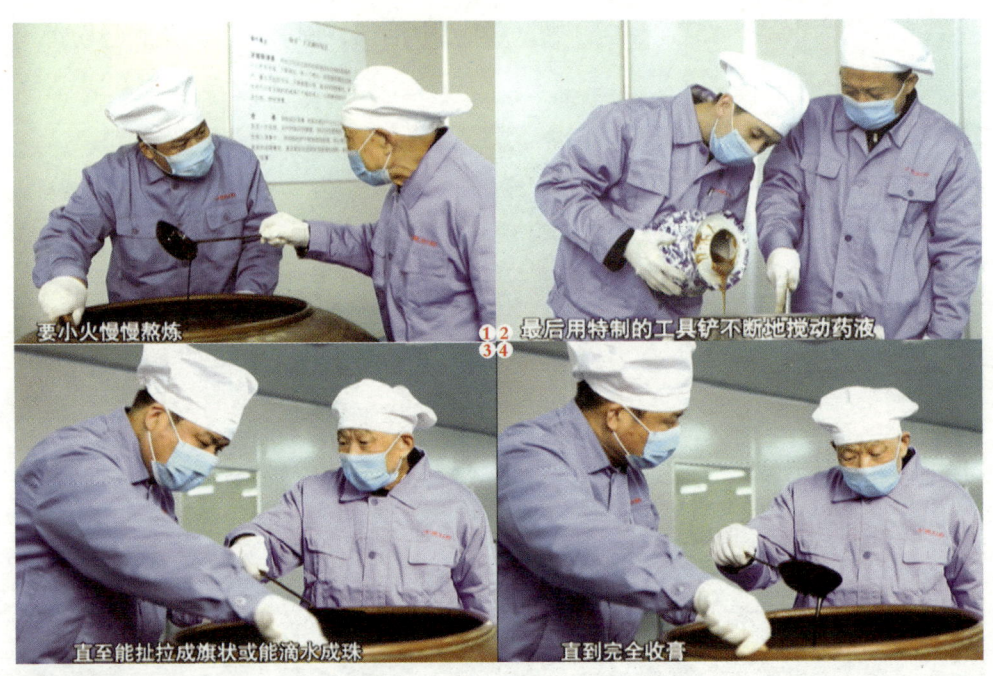

图三　收膏

孟氏正骨疗法

> 2013年，新泰市的"孟氏正骨疗法"被山东省人民政府列入第三批省级非物质文化遗产扩展项目名录。2014年，被国务院列入第四批国家级非物质文化遗产代表性项目名录扩展项目名录。

孟氏正骨源于山东省新泰市西张庄镇高孟村，距今已有300多年的历史。早在清朝康熙年间，孟氏就以精湛的医术闻名于世。孟氏正骨历史悠久，积累了丰富的经验，建立了比较完整的理论体系，是我国具有影响力且为数不多的知名祖传正骨北派系之一，也是我国传统中医药宝库中一颗璀璨的明珠。

中医正骨的起源与形成，与劳动人民长期的劳动生活、生产实践紧密相连。在距今一百多万年前，我们的祖先就在这片土地上生活着、劳动着。他们为了生存，依靠集体的智慧和力量，用原始的劳动工具、有限的劳动经验、简单的劳动协作，应对自然界的种种灾难，抗击猛兽的频繁侵袭，以获取必要的食物，同时也逐步积累了原始的医药知识。正骨是一种神奇的古老技艺，"火眼金睛看破人体的奥秘，妙手仁心创造生命的奇迹"。

孟氏正骨创始人孟衍文，字秋实。关于孟衍文初学正骨，有三种说法。第一种说法是，孟衍文（初名孟衍仁）因授业之师叫刘奎（字文甫、号松峰，今山东诸城人），后改名为孟衍文以表感恩。第二种说法是，孟衍文曾受业于一位异姓的道士。还有一种说法是，孟衍文曾路遇武林高僧，当时有一位善医骨

图一　孟氏正骨疗法先人所用的部分器具

伤的武林高僧，欲经新泰南下，却因贫困交加困于新泰，遇衍文好心收留、热情照顾，故于离别时传授其正骨术和医书作为报答。从此以后，孟衍文苦读医书并应用于实践，一生以济世救人为己任，并倡导仁心仁术的观点，受到人民的爱戴和赞扬。他崇尚养生，将儒家、道家、佛家的养生思想与中医的养生理论相结合，提出了许多切实可行的养生方法。时至今日，这些方法还在指导着人们的日常生活。

孟氏正骨，疗法独特，以"天然药物，绿色疗法"为特色，以"简、便、廉"为特点，充分体现了中医的整体观念和辨证施治的临床应用。孟氏正骨遵循整体辨证、筋骨并重、内外兼治这三个原则。整体辨证原则，即人体是一个有机整体，在骨伤与筋伤的治疗上，牵一发而动全身，必须分清主次先后、轻重缓急、然后辨证进行诊治。筋骨并重原则，是指人体内筋与骨互为依存、相互为用，治伤时必须筋骨并重，即使是单纯的筋伤和骨伤，也要从治疗开始就注意发挥骨的支持和筋的运动作用，这样才能加速创伤愈合，达到事半功倍的医疗效果。内外兼治原则，即治标必须治本，做到内外协调用药。

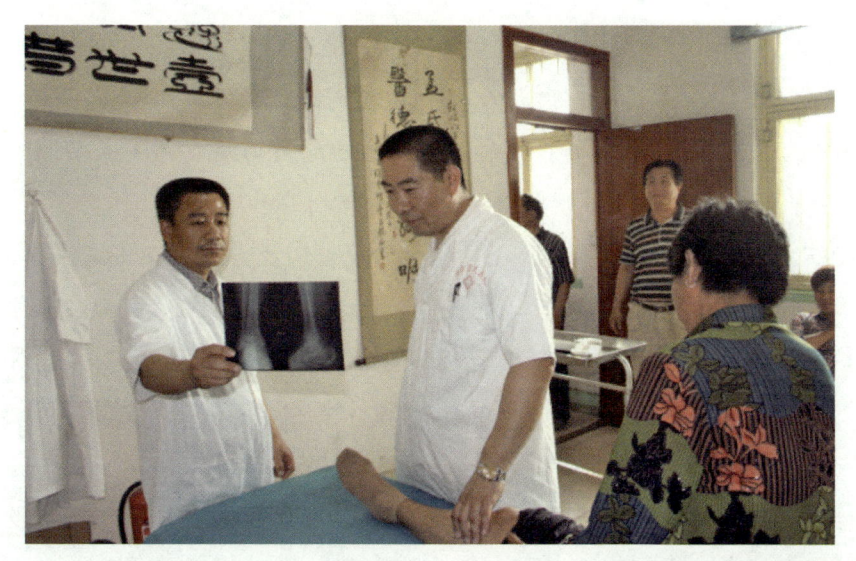

图二　孟氏正骨疗法第七代传承人孟照明、孟兆亮在为病人诊治

孟氏正骨有很多独特之处。

首先是手法。孟氏正骨的手法有三种，即诊断手法、复位手法和活筋手法。孟氏正骨"手摸心会"，医者用其手，通过触、摸、探，对病情做出正确的判断，这就是诊断手法。孟氏正骨"法生于心"，法与手灵巧多变，并结合力学原理，使骨折圆满复位。复位手法是中医传统理论和经验与现代自然科学的完美结合。活筋手法是分清经筋所属，给以循经向远端疏导的手法，配合穴位点按，通经止痛。针对慢性伤筋，采用就近取穴，给以按摩通经，配合肢体功能锻炼。在伤筋治疗方面，总结出"点穴按摩""揉药按摩""活血理筋""拍打叩击""自身练功"等方法。

其次是独特的骨折固定方法。孟氏正骨的正骨固定方法可概括为柳木小夹板固定法、弹性固定法、胶布固定法、整体固定法、牵引固定法、器具固定法、压垫固定法、布带固定法等方法。以孟氏柳木小夹板为例，它有很强的弹性、韧性以及良好的可塑性，是一种理想的局部外固定器具，同时配合不同类型的小压垫及牵引装置，构成了适合人体的一组力学系统，能有效控制和矫正骨折移位，并能在固定条件下进行动能活动，以促进骨折愈合和伤肢功能早日恢复。孟氏柳木小夹板刚韧并济、灵活多变，适合身体各部位骨折及不同年龄的骨折病人使用。尤其对骨折波及关节面的病例，它的优势就更加明显，能使患者在伤后早期就采取动静结合的方式进行康复锻炼，避免关节僵硬的后遗症。

再次是三期药物治疗。孟氏正骨用于治疗骨伤及骨病的17种纯中药制剂，是孟氏正骨在祖传正骨秘方的基础上，根据药物的性味归经，并结合多年的临床经验不断改进而成的科学配方。方药以中医理论为基础，以整体观念和辨证论治为指导，体现了以破、和、补为大法的科学运用和君臣佐使的合理配伍。方药中主要有乳香、没药、马钱子、麝香、自然铜、骨碎补、大黄、牛膝、橘梗、冰片等。其中，大黄泡酒用以充分发挥荡涤留瘀败血功效。方中重用牛膝、橘梗，意在升降同用，一升一降，宣畅气机，使气血升降和调，从而产生疏其气血、令其调达、而至和平的效用。孟氏接骨膏药，工艺古老独特。其制作过程需要经过采集、浸泡、火熬、凝固、去火毒、摊涂、储存等程序，对于时间、工艺均有严格的要求。同时，膏药的配伍有几十种，从采集原料到产出膏药，需要两个月的时间，且有严格的时间与火候限制，体现了中华医学的博大精深和严谨。膏药煎炼有道，下药有序，从而充分保留药效，增加疗效。初期（1周~3周）治疗骨伤，用药是"破血化瘀"。由于初损血瘀气滞、行气俱伤、肿痛兼作，瘀不去新不生，新不生则骨难长，故治当"破"。中期（3周~6周），治疗骨伤用药是"和血生骨"。瘀阻渐退，肿疼消减，但瘀去而未尽、气血通而不畅，故治当"和"。后期（6周以后）治疗骨伤，用药是"补血养身"。肿疼已尽，久病体虚，筋骨未坚，故治当"补"。

最后是康复锻炼法。在长期的实践中，孟氏传人形成了传统的功能疗法，强调"动静互补""动静结合"，注重骨伤病人的功能锻炼、恢复，在治疗中贯彻"静中有动""动中有静"的原则，指导患者科学进行功能锻炼恢复。

"孟氏正骨疗法"技艺精湛，具有疗效显著、康复期短、用具简便、费用低廉等特点，是老百姓喜闻乐见的正骨疗法。300多年来，孟氏正骨传承不息，博采众长。经孟氏数代人的苦心探索、研究、实践，孟氏正骨由原来单纯治疗断胫折臂，演变成一门综合性的正骨医学学科，并以疗效神奇卓著、特色突出鲜明、内涵深刻丰富、理论体系完整、技术领先神奇而享誉海内外。孟氏正骨由民间知识上升为独特的科学医疗体系，成为我国中医骨伤重要的学术流派，形成了长盛不衰的品牌知名度，深受广大患者信赖。

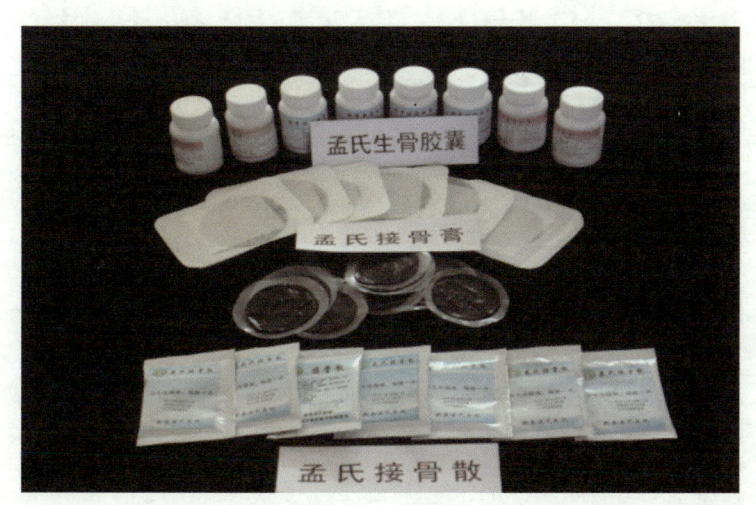

图三　孟氏正骨疗法药物——孟氏生骨胶囊、接骨膏、接骨散

宋氏祖传拔毒膏制作技艺

> 2016年，莱芜市（济南市莱芜区）的"宋氏祖传拔毒膏制作技艺"被山东省人民政府列入第四批省级非物质文化遗产代表性项目名录扩展项目名录。

山东莱芜地区的传统医药"宋氏祖传拔毒膏"，发源于莱芜区口镇山口村。该村北靠雪野水库、江水村，南与古嬴城遗址城子崖村隔河相望。村东有文峰山，柏树葱郁，实为胜景。文峰山东面为莱明路，乃通往济南等地的咽喉要道，历来为兵家必争之地；峰顶宽敞平整，有"文峰山寨"遗址。口镇山口村现由辛庄、永奉、长奉、三义和沙岭5个自然村组成，地处丘陵。该村昔日盛产土烟即山口烟，今以人口大村、桑蚕大村、育种大村、姜蒜大村而闻名。"宋氏祖传拔毒膏"在当地无人不知、无人不晓，声名远扬。

作为莱芜区非物质文化遗产代表性项目的"宋氏祖传拔毒膏"，起源于清同治年间，跨越两个世纪传承至今。其地方性、独创性、疗效好的特点，科学性、普及性、口碑好的特色，仁爱为本、治病救人，医德好的内涵，对研究中医药文化的发展有着不可替代的学术价值，成为山东中医药文化品牌。

"宋氏祖传拔毒膏"由莱芜口镇山口村人宋孝堂（1857—1920）发明。宋孝堂生于中医世家，其祖先宋子书是清康熙年间的地方名医，并著有《宋一帖妙方》。12岁时宋孝堂受父命到口镇"仁术堂"药店当徒学医，期满回家，

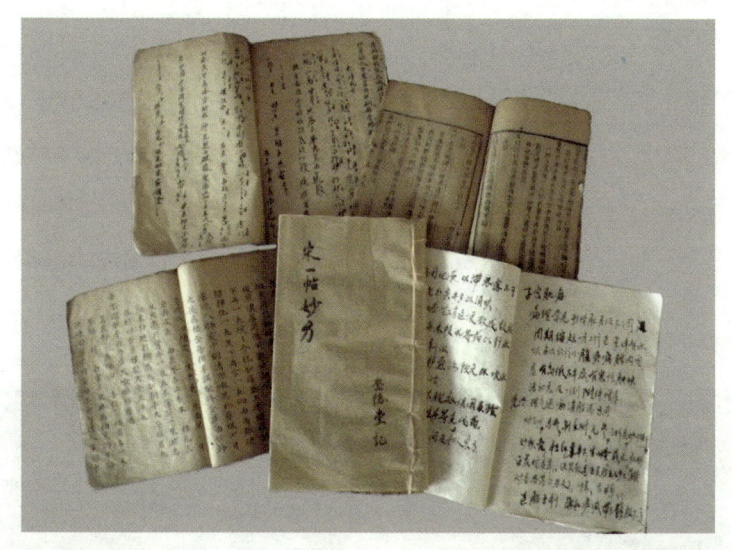

图一　宋氏祖传拔毒膏"祖传药谱"

创办了"奎德堂"药铺，坐诊行医。其父宋锡隆传授他《宋一帖妙方》，宋孝堂如获至宝，潜心钻研，发明了集川乌、草乌、皂角刺、蓖麻籽等108味纯天然中草药为一体，配香油熬制而成的"宋氏拔毒膏"，在家族间世代传承至今。

第二代传承人宋培厚（1887—1970），秉承父业。他依照"德高传世家，医湛得天下"的家风，以诚信行医，坚持"短味少药不出门，官宦庶民不二价"的"堂规"，逐渐使"拔毒膏"名传千里。宋培厚20岁单独行医，除给患者解除病痛外，还善于研究、搜集流散在民间的药方。经过数百次的临床验证，他结合家传秘方，取长补短，研制出了专治痈、疽、疔、疮等各种疾病的膏、丹、丸、散和拔毒膏药，疗效奇佳，成果被载入《莱芜市志》（医药篇）。

第三代传承人宋传甲（1925—2001），把行医治病作为行善积德。他乐善好施，怀仁爱之心，急病家所急，忧病家之忧，医德高尚。他多次求学中医专家，通过精心研究，使"宋氏祖传拔毒膏"的性能更加完善。1980年，他在莱城设店接诊，将淄博一肺癌患者治愈，名声大振。湖北武汉发生水灾，宋传甲将几年来积蓄的6 000元钱捐给灾区人民,得到政府的表彰。

第四代传承人宋继修(1948年至今),15岁跟随祖父学习炼丹和出诊看病,掌握了祖传的炼丹技艺及一整套医疗方法,并挖掘整理临床医案上千个,积累了丰富的临床资料。在"宋氏祖传拔毒膏"的基础上,他深度研究,研制出了专治毒疮、顽癣、皮肤顽疾的外用和内服药物,扩大了拔毒膏的治疗范围,疗效甚佳。他口传心授,精心培养传承人,为"宋氏祖传拔毒膏"传承和发展奠定了坚实的基础。

图二 第四代传承人宋继修与第五代传承人宋建庆

第五代传承人宋建庆(1967年至今),自幼跟随祖父和父亲学医,深得两代传承人的真传。他20岁开始单独行医看病、配药。他深知中华医学的博大精深,苦心钻研,在继承祖传拔毒膏秘方精华的同时,博采众家验方之长,采用全蝎、蜈蚣、白花蛇、柴胡、半夏、蓖麻子、红花、蜂蜡、麻黄、山甲、羌活、独活、樟丹、自然铜、白芷、当归、丹皮、三七、水蛭、桑枝等百余种药材,创新和发明了治癌丹药,临床验证疗效奇佳,进一步完善了"宋氏祖传拔毒膏"。

"宋氏祖传拔毒膏"的膏剂,由生川乌、生草乌、生马钱子、血竭、乳香、白花蛇、露蜂房、赤芍、甘遂、银花、连翘等108味药组成。宋氏祖传拔

图三　第五代传承人宋建庆为拔毒膏"配药"

毒膏采用十步熬膏法，与同类膏药相比，具有贴用简便、药效持久、标本兼治、通关透窍、无毒副作用、适用病症范围广、疗程短见效快、治愈彻底不复发的功效。制作过程分选料、浸药、炸药、炒丹、炼油、下丹、去火毒、摊膏药、加细药等工序。宋氏祖传拔毒膏采用优质的小磨香油浸药，以野桑木为熬药原料，添加野桑枝、头发药引，使得药性更加完善，有治疗疮疖、皮肤病等疑难杂症的神奇疗效，为成千上万的痈疽疔疮类疑难杂症患者解除了病痛。

"宋氏祖传拔毒膏"采用纯天然中药熬制，有效成分含量高、析出速度缓慢、作用长期持久，治疗方法简单易学、见效快、疗程短。与其他同类膏药相比，"宋氏祖传拔毒膏"采用主药加药引的双向调节的独特配制方式，具有药膏凝结不流、易保存携带、不受皮肤条件限制、贴用方便、药效持久、标本兼治、通关透窍、适用病症范围广、治愈不复发等典型中医药特征。"宋氏祖传拔毒膏"采用"外敷"的传统医疗方法，根据病情进行中药配制，对各种疮、疖、痈、疽、疔毒怪症及腮腺炎、淋巴结肿大、乳腺炎、手术后刀口不愈合、糖尿病坏疽、筋骨疼痛、跌打损伤、肩周炎、坐骨神经痛、闪腰岔气、椎间盘突出等均有神奇的疗效。

"宋氏祖传拔毒膏"是莱芜地区妇孺皆知的中医中药，治愈了不计其数的痈疽疔疮类疑难杂症患者。宋建庆作为"宋氏祖传拔毒膏"第五代传承人，牢记祖先"德高传世家，医湛得天下"的教诲，遵循"半积阴德半养生"的祖训，济老怜贫，把行医治病作为行善积德，多次去"敬老院"为老年人免费查体诊疗，到社区义务为患者看病，急病人之所急、忧病人之所忧。遇到病情严重、行动不便的患者，他就主动上门行医服务。"宋氏祖传拔毒膏"为各种类型的疮疖痈疽疔毒怪症的患者带去了福音，可谓远近闻名、有口皆碑。为使"宋氏祖传拔毒膏"发扬光大，更好地为百姓服务，宋建庆还在莱芜建起了500平方米的科研所，不定期举办学术研讨活动，弘扬中医药文化。

中医药作为中华民族的传统医药，是中国传统文化宝库中的瑰宝，在发展过程中不断汲取中华文化营养，形成了独具特色的中医药文化，是我国非物质文化遗产的杰出代表。勤劳智慧的莱芜人民，在生活、养生的实践中，发现、总结出治疗疾病的中医中药秘方，为后世留下了宝贵的非物质文化遗产。

周氏艾灸法

2016年，青岛市市南区的"周氏艾灸法"被山东省人民政府列入第四批省级非物质文化遗产代表性项目名录扩展项目名录。

青岛与海为邻，大海千百年来无私地为青岛人民带来自然的馈赠。海洋是青岛的城市标志，是青岛的文化根基，更是岛城人民的好友。不过，临近海洋的优势在一定情况下也会变为困扰。海风裹挟着大量水汽吹向陆地，潮湿的气候环境，使得青岛成为血管疾病、风湿病、类风湿关节炎等疾病的高发地。这些疾病危害生命健康，具有极高的致残率和致死率，会严重影响人们的生活质量和生命安全。艾灸治疗恰恰可以补正祛邪、御寒祛湿、活血化瘀，对于治疗这一类疾病具有良好效果。

艾灸是中国发明较早的一种传统医疗方法，可以达到治疗疾病和预防保健的目的。艾灸疗效迅速，易于普及学习，发展至今已经成为中医文化的重要组成部分和中医治疗的重要手段，享誉世界医林。

关于艾灸的发明起源，现在还流传着一个故事。据说在武王伐纣途中，许多周军士兵感染痢疾，一时间士兵死伤无数，导致军心不稳。武王身边的名医萧艾在染病后，偶然被野草火堆灼伤，随后他惊奇地发现身体竟逐渐恢复。于是，他就在全军推行这种疗法。果不其然，士兵们经过治疗后都好了。后来，萧艾的儿子得到父亲的真传，并将艾灸的治疗方法传承了下来。

周氏艾灸法最早大致可以追溯到晚清名医周丙荣。周丙荣，字树冬，尤其擅长针灸之法，平生喜欢撰写记述，留有遗著《金针梅花诗钞》。或是受到了家传医学的耳濡目染，周丙荣之孙周楣声也走上了行医之道。

1917年，周楣声出生在安徽省天长市杨村镇。他苦心钻研医术，终其一生，为周氏艾灸法的创立和发展做出了卓越贡献。他自幼承袭家学，博览群书，经过刻苦努力，终成一代针灸名家。周楣声医德高尚、潜心医道、关爱病人，是一位誉满四方的中医名家。他早年就曾行医于皖东、苏北一带，深得患者和同道们的尊重。他从医70余载，广积善德，救人无数。

图一　周楣声老先生

除了治病救人，周楣声还身体力行，以实际行动推动灸法的振兴与发展。他在祖父原有遗著的基础上进行增损，重新修订了《金针梅花诗钞》这部医学著作。书中精选历代名家名医关于针灸文献的精华部分，是中医学领域一部不可多得的针灸医书典籍。面对近代以来人们重视针法、轻视灸法的问题，他汇集了几十年临床经验，勤耕不辍，完成《灸绳》这本理论与临床灸法的医学

图二　《周楣声医学全集》

专著。这本书在灸法的传承与振兴、研究与临床应用方面贡献极大，被盛赞为"艾灸之准绳""艾灸第一可法之书"。周楣声也荣获"全国卫生文明先进工作者"、国务院"全国名老中医"等众多荣誉称号。后来，受国家卫计委委托，周楣声还举办过多届全国灸法讲习班，培养了大批医学才俊。

虽然周楣声已经过世，但周氏艾灸法仍在不断传承，并持续造福世人。为推动周氏艾灸法的进一步传承，周楣声曾悉心传道授业，桃李遍天下。他的学生于青云从老师的手中接过周氏艾灸法的传承旗帜，成了周氏艾灸法的第三代传人。于青云潜心钻研老师留下的笔记和手稿，结合30余年临床教学实践，不断开拓进取，取得了20余项科研成果和奖励，发表论文30余篇，出版专著7部，拥有6项国家发明专利。她继续《说灸》的整理编写，以及推进周氏艾灸法的研究，成绩斐然。2016年，于青云被山东省人民政府认定为非物质文化遗产传承人。经过四代人的共同努力，如今周氏艾灸法已驰名中医针灸界，传至海内外，发展前景一片光明。

"热症贵灸"是周氏对中医医学的突出贡献，为灸法治疗热性传染病奠定了坚实基础，在《灸绳》一书中就有关于灸法治疗流行性出血热病症验案。鉴于当时社会只知针而不知灸、存在热症禁灸误区的现状，周楣声全力振兴灸法。1986年，安徽砀山爆发流行性出血热，周楣声主动请缨，亲赴疫区，采用

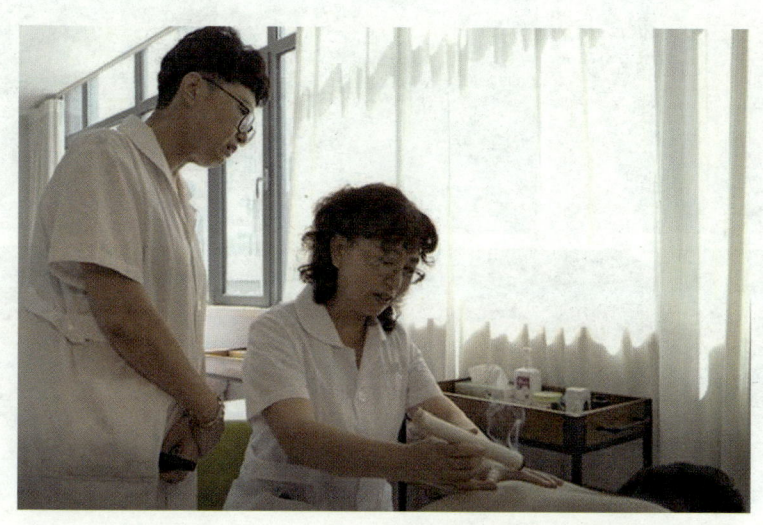

图三　于青云在灸治患者

灸法进行治疗，治愈率竟然高达97.8%。他还写成了专著《灸法治疗流行性出血热》，其科研与实践成果顺利通过了国家中医药管理局的专业鉴定，对现今利用艾灸疗法防治疫情提供了有效借鉴。

周氏艾灸法坚持"少而精准"的选穴原则。无论是轻症患者，还是危重症患者，周氏艾灸法在治疗时大多都会精选一个穴位，往往能够取得惊人的疗效。周楣声去砀山治疗流行性出血热时，遇到了一个重病女孩。从诊断情况来看，女孩的病情已然是回天无力了；但本着对生命的尊重，他主动对患儿进行了治疗。他用灸架熏灸女孩的百会穴，连续三天昼夜不断，竟然把患儿从死亡的边缘拉回来，小女孩最后痊愈出院。这让人不得不称赞周氏艾灸法的神奇。

除了独到的方法和理念外，周氏艾灸法也有众多其他的创新之处。传统艾灸法分直接灸、间接灸与温和灸三大类，周氏艾灸法总结出灸感感传各种症候及感传三个基本时相，并做了仔细分析，还创新推出了"热流喷灸法"。"热流喷灸法"是周氏艾灸法创新发展的鲜明例证和成就。所谓"热流喷"，就是指将灸的作用集合成点，使药气流直对患处喷射，通过热气流进行治疗。该

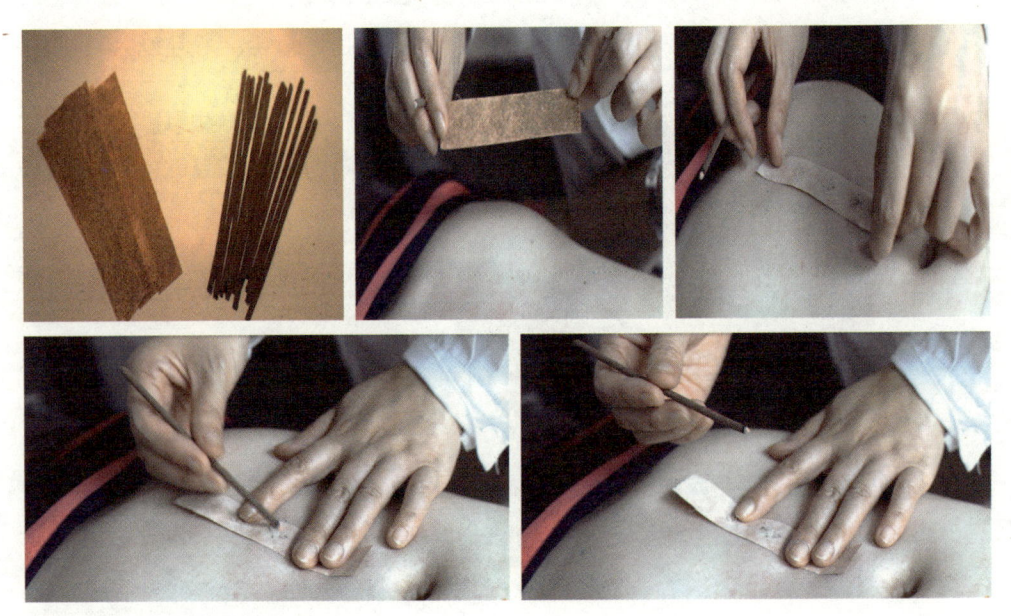

图四　万应点灸笔操作技法

灸法除了对常规部分灸治有良好的效果以外，还可以应用于耳灸、肛灸、阴道灸等，有效增加了艾灸的应用范围。周氏艾灸法还曾获得多项国家专利。

　　中医学底蕴深厚，是中国劳动人民智慧的结晶，体现着中华民族特有的医学智慧。周氏艾灸法经历四代人的不断打磨，终于取得了如今的卓越成就，在对各种急、慢性疾病及热症的治疗中显现出非同凡响的疗效。同时，在人们日益注重养生的当下社会，周氏艾灸法充分发挥其在预防疾病、美容养颜、抗衰延年方面的积极作用，满足人们对身体健康的需求，具有良好的美誉度和极高的社会价值。

图五　周楣声艾灸养生会馆、健康养生咨询中心开业庆典

八白散传统驻颜技法

> 2016年，青岛市市南区的"八白散传统驻颜技法"被山东省人民政府列入第四批省级非物质文化遗产代表性项目名录扩展项目名录。

青岛市的市南区毗邻黄海，东部是层峦叠嶂、连绵起伏的崂山。得天独厚的地理环境，造就了当地丰富的中草药资源和海洋药物资源。崂山具有浓厚的道家文化底蕴，深厚的养生哲学与养生方法融入人们的日常生活，搭配上优美秀丽的自然风光，让青岛市市南区成为闻名全国的疗养养生首选地。在众多养生方法之中，八白散驻颜技法在女性健康领域一直享有盛名，深受人们的信赖和喜爱。

"八白散"大致起源于距今800余年的金章宗时期，曾在后宫被宫女们广泛使用，故而得名"金国宫女八白散"。除了医书典籍中的相关记载，关于"八白散"的起源还有一个故事。传说当时有位李御医，他的女儿月娥才貌双全、聪慧无比，立志要成为皇妃，辅佐君王治理天下。但因为皮肤较黑，李月娥一直未能如愿。后来，李月娥在闺房中设下"许愿阁"，日夜虔诚祈祷，终于感动神仙，赐下"八白散"的秘方。李月娥按照秘方配药洗面数日，果然变得肤如凝脂、美貌动人，最终如愿入宫成为贵妃。

清乾隆七年（1742年），宫廷御医吴谦等人编撰《医宗金鉴》，书中记载有"玉容散"，药物组成选用了"金国宫女八白散"八味中草药中的七味。

光绪十四年（1888年），宫廷御医李德昌和王永隆又在"玉容散"基础上为慈禧太后制成"加减玉容散"，此方后被收入《慈禧光绪医方选议》。

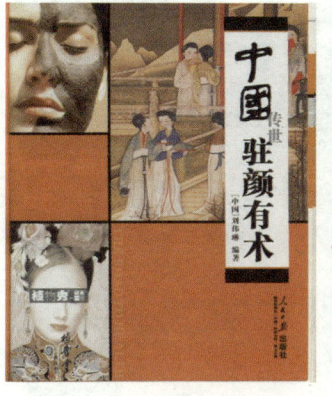

图一　《中医养颜方集》《中国传世驻颜有术》

"旧时王谢堂前燕，飞入寻常百姓家。"辛亥革命推翻清朝统治，结束了封建帝制，曾经藏匿于深宫大院的"八白散"传入民间。当时太医院的院判李子余携带众多宫廷方剂出宫，在民间行医时收张宪斌为徒，向张宪斌传授了包括"八白散""玉容散"等在内的诸多养颜方剂。"八白散"后被张宪斌收入其所著的《中医养颜方集》，并改良为"养颜八白散"及其养颜术。

"八白散驻颜术"现在的传人是张宪斌之徒、植秀堂养生养颜连锁有限公司董事长刘伟琳。1999年，刘伟琳拜张宪斌为师，正式成为"八白散驻颜术"的第五代传承人。她潜心学习"八白散"，立志传播传统中医养生驻颜文化。后来，刘伟琳创建了植秀堂，成立了中医养生养颜研究所，并聘请恩师张宪斌亲自担任植秀堂中医养生养颜研究所首席专家。在传承的基础上，刘伟琳还组织专家进行科学研究，对传统配方进行了创新性改良，同时加上新的驻颜技法，并配以十七味中草药和具有抗氧化作用的崂山绿茶、崂山矿泉水调制成方，形成"植物秀八白散"及其驻颜术。

"八白散驻颜术"源于中医独特的养生理论。传统中医认为，女性的许多容颜问题都是因为气血淤滞而引起。所谓"十二经络，三百六十五脉，其气血皆上行于面"，说的就是这个道理。为了起到疏通血瘀、调和气血的效果，故而选取白丁香、白茯苓、白牵牛、白附子、白僵蚕、白蒺藜、白芷、白芨等八种中草药炮制成药，制成之药因为原料药材中都带有一个"白"字而得名"八白散"。其原理就是借助中药对身体进行调理，最终使女性面容问题得到改善。

图二　张宪斌与植秀堂中医专家团队

图三　八味中草药

"植物秀八白散"在传统"八白散"的配方基础上，又加入了当归、人参、红花、防风、黄檗等多种名贵中草药，调配研制为深褐色粉末状散剂。当需要使用时，就将散剂调配成膜，敷于女性面部，形成一层药草"面膜"。然后再辅之以排毒、通气血、穴位按摩等操作手法，打通面部经络、促进气血微循环，代谢垃圾与毒素，可以有效地抑制色素沉积，减少黄褐斑、雀斑、晒斑等形成，减少油脂分泌，改善粗糙晦暗肌肤，从而让皮肤变得细腻红润、白皙有亮泽。

八白散传统驻颜技法主要以中医传统理论"有诸形于内，内必形于外"为指导思想，是以经络调理及面部中草药温敷达至气血调和的健康美驻颜技艺。一代又一代人的坚守不仅使这项珍贵的养颜术得以传承，而且让传统的中医文化迈上了新的发展阶梯。"植物秀八白散"及其驻颜操作手法，在较大范围内进行推广，从默默无闻到走进千家万户，为海内外诸多顾客带去健康与美丽。天然草药，中医疗法，免去了整容、打针、吃药带来的痛苦和身体负担。"八白散"以更加注重通过绿色舒适的方式调理身体，适合当今广大女性对健康驻颜的消费需求，让更多女性朋友不再为自己的皮肤问题和身体状况而担心。

如今"八白散驻颜术"以市南区为辐射中心，经过传承与推广，现在已经培养了6 000余名学员，在国内62座城市设立了230余家非遗传承店。此外，在马来西亚、印度尼西亚、新加坡等国家有门店多达120余家。"八白散驻颜术"门店分布区域广泛，在国内外都有着不凡影响力。

"八白散驻颜术"本着"古为今用，推陈出新"的方针，进行了诸多具有科学性和价值性的研究、完善和创新，真正做到历史文化遗产与现代特许经营

图四　植秀堂养生养颜馆

图五　八白散套盒

相结合、历史文化遗产与带动大众创业相结合、女性健康和女性创业孵化相结合，充分展现出中医药文化在现代社会的生机和活力。

　　回眸历史岁月，曾经只流传于禁苑宫墙之内的"八白散"，传入大众生活，成为万千女性驻颜养肌的"法宝"。思量当今社会，人们越来越关注皮肤的护理改善。"八白散驻颜术"以中医手法调理身体，治标更治本，让容颜困扰烟消云散。展望未来发展，"八白散驻颜术"不仅延续博大精深的中医理念，而且对于打造"健康中国"意义重大。凭借安全、有效、持久的疗效，八白散驻颜术必将更加自信地走向世界舞台。

李氏小儿推拿秘笈

> 2016年，青岛市市南区的"李氏小儿推拿秘笈"被山东省人民政府列入第四批省级非物质文化遗产代表性项目名录扩展项目名录。

作为中国近现代史上最著名的城市之一，青岛历史上有众多风云人物，同时也产生了许多民间高超技艺，其中就有李氏小儿推拿。

李氏小儿推拿得益于《推拿三字经》，由著名推拿大师李德修创立和发展。李德修又名慎之，是山东威海人。因为家境贫困，他幼时失学，为了谋生只能到渔船上学徒打工。天有不测风云，人有旦夕祸福。就在李德修17岁那年，命运跟他开了一个玩笑，一场大病让这个本来有着大好年华的青年失去了听力，从此他的世界中再无声音。"祸兮福之所倚，福兮祸之所伏。"就在他绝望的时候，一次偶然的机会让他的人生发生了改变。当时威海清泉学校的校长戚经含十分同情李德修的遭遇，于是就赠送给他一本晚清名医徐谦光的《推拿三字经》，并且悉心指

图一　年轻时的李德修

导李德修进行学习。经过8年的认真钻研，李德修具备了独立应诊的能力。

　　学有所成的李德修自此开始了他的行医生涯。1920年，他来到青岛，并在鸿祥钱庄设立诊所，通过推拿的方式为患者治病，不久就得到了人们的认可。1929年，他开始自设诊所，上门求治者络绎不绝。1933年12月，时任青岛市市长的沈鸿烈有一个患有疾病的小儿子，曾经请日本医生前来医治，但是未能治愈。沈家的保姆与李德修同乡，她向沈鸿烈推荐了李德修。经过李德修的精心治疗，孩子果然痊愈。沈鸿烈为表感谢，赠送了李德修一幅题有"儿科博士"的匾额，以表达对其高超医术的赞扬。1955年，青岛市中医院建院，李德修来到这里，并担任小儿科负责人。20世纪60年代，曾经有一个患儿连续高烧不退，医生多次会诊后告知家长料理后事。后来，孩子家长请李德修推拿，经过四次推拿，孩子竟然康复了。家长赠以厚礼，李德修分文未取，全部退还。著名文学家郭沫若在青岛疗养期间，李德修也曾为他号脉推拿，深得郭老称赞。

　　李德修勤恳敬业，行医一生，是一位得到同行尊敬和患者信赖的推拿名家。他不仅医术精湛，而且医德高尚，曾经多次被评为先进工作者。在习得《推拿三字经》医学理论的基础上，他结合自己多年行医治病救人的临床经验，创新发展形成小儿推拿技术。李德修被誉为小儿推拿三字经流派的奠基人，同时也是全国知名的小儿推拿专家、山东省继承抢救的名老中医之一。

　　李德修结合自身经验，对于中医推拿不断予以创新，形成了独具特色的精湛医术。推拿疗法是中医的有机组成部分，大致辉煌于唐宋，发展于明清，是一门防病治病的学科。李德修行医阅历丰富，在前辈已有成绩的基础之上，做到了"百尺竿头，更进一步"。在诊断方面，他继承和发展了徐氏推拿流派的诊治思想，潜心于望诊。当病人进入诊室的时候，他只需要抬头一看，就能根据患儿状态和活动姿态推断出病情。在诊疗方面，他注意到气候冷暖和身体强弱对于治疗的影响，指出在寒冷地区治疗用时一般是温暖地区的近十倍；而根据体质强弱与敏感程度的不同，手法也有轻重之别，治疗时需结合环境和病人情况进行具体分析。在取穴方面，他提倡更加简化，无论男女皆取左手，实践证明疗效可靠，也更便于记忆掌握。这使得李氏小儿推拿较之普通推拿，疗效更加显著，使用更加便捷。

除了治病救人，作为李氏小儿推拿的创始人，李德修还为后人留下了丰厚的理论著作。1962年，王蕴华受青岛市中医院委托，系统整理李德修的临床经验，在1981年出版了《李德修小儿推拿技法》。以李德修行医的经验为依据，青岛市卫计委（现为卫健委）及青岛市中医院先后组织人员整理撰写了《小儿推拿讲义》《青岛市中医院小儿推拿简介》《李德修推拿技法》《小儿推拿讲义（简易本）》等书，这些书成为卫生系统业务培训的主要教材。

图二　李氏小儿推拿系列著作

李氏小儿推拿自李德修创立以来，不断传承。出生于1964年的李先晓是李德修的孙女，也是李氏小儿推拿的传承人，她曾荣获2017年度青岛市非物质文化遗产保护模范传承人荣誉称号。作为传承人，李先晓始终秉承将李氏小儿推拿这项珍贵的医学财富传承下去的精神，积极参与传承和推广工作。她担任李修德小儿推拿系列图书主编，已经出版了包含《李德修小儿推拿秘笈》《简易图片式李德修三字经推拿》《李德修三字经派小儿推拿》等著作在内的系列丛书。其中，《李德修小儿推拿秘笈》被列入医生、护士、中医师执业参考用书。李德修外曾孙女杨雅茜，是李氏小儿推拿的最新一代传人，担任中国民族医药学会教育分会理事、李德修推拿职业培训学校校长等职务。她积极参加各类社会公益活动，曾多次参加电视节目推广推拿疗法。

与普通的推拿方法相比，李氏小儿推拿治疗的特点主要表现在四个方面。首先，取用穴位少。"取穴不宜多，多则杂而不专"，因此，李氏小儿取穴一

085

图三　传承人杨雅茜做客辽宁卫视《爱幼科学说》

般不超过五个穴位，不及其他推拿流派常用的半数。其次，推拿手法简练，多采用推、拿、揉、捣、分合、运等6种手法，学习起来方便易懂，且医治效果明显。再次，推拿时间充足而且强调用"独穴"。所谓"独穴"，就是在一定情况下，只用一个穴位多推久推。在为患者治疗方面，尤其是急性病，这一独穴疗法非常有效。最后，推拿手法适用群体方面，老少皆宜，根据年龄和身体的不同，手法、用时各有斟酌。这四个特点既是李德修行医多年的经验总结，也是李氏小儿推拿的精华之处。

　　在传承人们的不懈努力下，李氏小儿推拿近年来也取得了喜人的成就，在非遗项目创新发展方面接连取得硕果。2010年，以李德修推拿为核心内容的图样商标成功注册，同年李德修健康咨询中心建立。2015年，李德修推拿职业培训学校建立，围绕李氏小儿推拿疗法开设课程，定期开展传承人及传承团队培训学习活动。2016年，李德修小儿推拿传承工作室建立，随即搭建了服务号平台，逐步实现了网上问答、网络课堂、非遗故事、传承谱系的交流推广建设。

李氏小儿推拿是对于传统医学的继承与创新，凝聚着中医文化的深厚底蕴，体现着医者仁心。作为一门具有实用价值的推拿流派，自李氏小儿推拿创立伊始，就凭借其优异的诊疗效果为无数患儿带去了希望，通过绿色健康而又相对简单的治疗，帮助患儿康复。从诊断、辨证到取穴、手法，李氏小儿推拿继承了传统中医医学理念，体现了中华优秀传统文化、中医文化、胶东地域文化等，具有较高的历史文化价值。时至今日，无论在医学应用、历史文化、社会贡献等诸多领域，李氏小儿推拿作为一颗璀璨的明星，为人们的身体健康和民族的文化传承贡献着自己的力量。

图四　李先晓和做推拿的小朋友

田氏整骨疗法

> 2016年，淄博市张店区的"田氏整骨疗法"被山东省人民政府列入第四批省级非物质文化遗产代表性项目名录扩展项目名录。

淄博位于山东省中部，是山东内陆连接胶东半岛的咽喉之地，自古经贸发达、商贾云集。不仅如此，淄博作为齐国故都，孕育了历史悠久的齐国文化，更是齐派医学的重要发祥地，诞生过扁鹊、淳于意等名医。近代以来，淄博民间中医十分活跃，尤以接骨、膏药等远近闻名。田氏整骨疗法便是众多中医骨科诊疗派系中独具特色的一支。它发源于山东省淄博市桓台县起凤镇，距今已有200余年历史，主要行医内容为针对肩、肘、髋、膝、踝、腕等关节运动损伤和骨折疾病的中医治疗，传承人行医足迹遍布淄博、济南、滨州、东营等地区，造福了众多骨伤患者。

田氏整骨疗法由传统中医接骨手法发展而来，历经七代传承，逐渐形成了集骨病诊治、接骨、骨伤医疗为一体的中医骨科治疗技艺。创始人田殿举（1820年生）出身于中医世家，自幼饱读医书。清道光年间，田殿举意外受伤请医诊治时，遇到了医术高明之长者，遂拜为义父，终得其中医接骨医术之真传。自此，田殿举开始专攻中医接骨技术，独创膏药秘方，专治骨伤。第二代传人田淑玠、第三代传人田承禄、第四代传人田宜瑚，相继传承祖业，先后在家乡淄博以及济南、北京等地创办"瑞生堂""半积堂""同济堂"等医馆和药铺，专以中医接骨、祖传膏药治病救人。

第五代传人田茂恒，自幼跟随父亲学习整骨技艺，分别在淄博、桓台、淄川、张店等地独立开办整骨诊所。1996年，田茂恒成立了"淄博市田氏整骨研究所"，致力于整骨技术、整骨膏药的研究开发与应用。他于2002年创办淄博高新（田氏）骨伤医院，采用"田氏骨科＋中医康养"的双轮驱动发展模式，充分整合百年田氏中医医疗、康复、养老和护理资源，为全年龄段骨病患者提供全方位、一站式的现代化就医服务与体验，实现了"强专科，扩综合"的医疗模式，精心打造了淄博市第一座医疗综合体。该院以淄博市为中心，不断扩大田氏整骨疗法的影响范围，如今治愈的患者已遍及滨州、济南、潍坊、临沂、青岛、北京、上海等地，甚至有许多国外的骨伤患者前来就诊。田氏整骨疗法不仅走出了山东，也走出了国门。

田氏整骨疗法主要包括"田氏整骨"和"痛消接骨膏"两项内容。田氏整骨主要有仰卧、俯卧、坐位复正法三种方式，可以根据患者疾患部位灵活运用。同时综合利用按压、拉伸、推揉等手法，为骨折、骨骼移位、关节错位、筋络扭结、软组织挫伤等患者整骨复位，纾解纽结，消痛疗伤，临床治愈率达95%以上。

痛消接骨膏精选血竭、红花、土鳖虫、制草乌、三七、当归、赤芍、龟甲、白花蛇等180多味中草药，经严格配比，纯手工熬制，集消炎镇痛、促进骨骼生长、活血化瘀、营养神经、恢复肌肉活力、生热驱寒功能为一体。使用时，将药膏放在温水中泡软，摊涂于纯棉布上，贴于患处，每半月更换一次。田氏痛消接骨膏不仅对骨折、跌打损伤等疾病有奇效，对骨关节变形、骨质增生、腰椎间盘突出、颈椎病等也有很好的治疗效果。

田氏整骨疗法根据患者骨折部位采用手法复位后，外敷痛消接骨膏，用大、小夹板固定，治疗过程病人痛苦小，治疗费用低，骨折愈合时间快，无毒副作用，避免了手术开刀带来的并发症和二次创伤。

田氏后人在长期的整骨行医实践中，逐步形成了一整套严格而规范的医疗体系和治疗手法，具有很强的规范性和实用性。同时，田氏整骨的学习与实践对传承人的个人学习能力、道德品质、医术悟性都有很高的要求，技艺传承具有严格的标准，保证了传承队伍资质的纯粹性。

图一　第五代传承人田茂恒向第七代传承人田美钰传授整骨经验

田氏整骨疗法集中体现了传统中医药文化发展艰难而曲折的过程，为研究淄博地方历史及中医发展史提供了重要的样本。"整体施治、辨证施治"的中医理念，对于研究中国传统医学具有良好的学术价值。田氏整骨注重以人为本，此等理念也是中华文明的重要组成部分。田氏传人来自民间，扎根于基层，服务于普通百姓，为农村医疗卫生事业的发展做出了重要贡献，使中医学在现代社会市场经济条件下，走出了一条切实可行的道路，实现了社会效益与经济效益的双丰收。

传承人田茂恒对祖传膏药配方和工艺进行了大胆创新，并于2007年将其更名为"痛消接骨膏"，申请取得了山东省中医药正式生产批号和国家注册商标。他突破了田氏整骨创始人所立"传男不传女，传内不传外"的祖训，广泛招收田氏女子及外姓徒弟近百名，使田氏整骨专业队伍不断壮大，为传承田氏整骨疗法和培养中医药人才做出了巨大贡献。

目前，田氏整骨疗法依托淄博高新（田氏）骨伤医院造福广大人民，同时，实现了活态化传承。淄博高新（田氏）骨伤医院自开办以来，始终以"救死扶伤、扶危济困、传承中医文化"为宗旨，每年斥巨资为贫困家庭、老弱病残患者免费诊疗，在老年节、助残日期间举办免费查体和义务诊疗活动，年均治愈患者14万人次。

另外，为保障"田氏整骨疗法"项目的传承与发展，传承人和田氏骨伤医院成立了非遗项目保护小组。自小组成立以来，成员们多次回到桓台县起凤镇和前几代传承人的足迹所遍及之处，搜集整理了大量的图片、视频、文字以及实物资料，不断完善项目档案，加强田氏整骨数据库、资料库建设；编辑出版了《田氏整骨医案集》和《田氏整骨技艺手册》，并积极筹划院史馆、档案室和文化长廊的建设。同时，完善传承人培养体系，提高传承人队伍质量，成立了专家委员会，邀请国内外医药专家、学者，进行科研合作和学术交流。

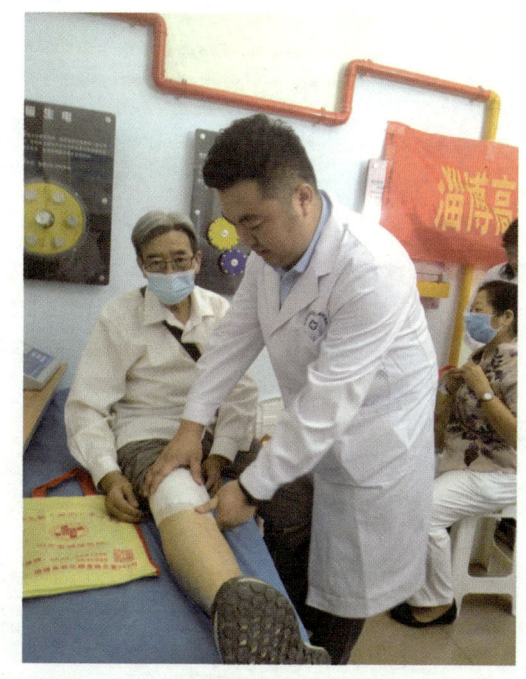

图二　田美钰带领传承人团队进社区义诊

如今，淄博高新（田氏）骨伤医院已经建立了传承人培训中心，鼓励传承人进行学历进修和技术进修，提高理论素养和实践能力。田氏整骨疗法传承人还十分注重品牌意识，加大了在知识产权保护方面的投入。2016年，田氏整骨疗法参加"第四届中国非物质文化遗产博览会"，提高了田氏整骨的社会认可度和美誉度，有利于将这一中华传统医学发扬光大。2017年，淄博高新（田氏）骨伤医院被列为山东省非物质文化遗产生产性保护示范基地。

在国家大力发展中医药的政策春风下，田氏整骨疗法这一中医药文化瑰宝将融合现代高科技创新发展，不断壮大，造福更多世人。

图三　山东省文化厅（现山东省文化和旅游厅）颁发的省级非遗生产性保护示范基地牌匾

古城膏药制作工艺及正骨医术

2016年，淄博市临淄区的"古城膏药制作工艺及正骨医术"被山东省人民政府列入第四批省级非物质文化遗产代表性项目名录扩展项目名录。

临淄区隶属于山东省淄博市，地势南高北低、西高东低，淄河、乌河等河流穿境而过，属北温带大陆性气候，年平均降水量达650毫米～800毫米。古城膏药制作工艺及正骨医术最初起源于清道光年间，当时的临淄城地处湿润地带，多雨水，加上农活繁重，很多乡亲因为劳累和寒湿得了骨病。

根据史籍及《崔氏支谱》的记载，创始人崔宝和的父亲以行医治病为生。在其父影响下，崔宝和广泛搜集民间良方创制了崔氏膏药。他在先辈们正骨手法和膏药熬制配方的基础上，和当地擅长骨伤治疗的医者交流经验，不断完善崔氏正骨和膏药制剂，形成了正骨膏药的新剂型。崔氏膏药和正骨医术对于因平日劳累、受寒湿等因素导致的慢性腰腿疼病很有疗效，深受百姓的欢迎，从此成了口口相传的外用药，被大家称为"古城膏药"。这就是古城膏药制作工艺及正骨医术的由来。

崔宝和的长子崔焕文在继承父亲医术的基础上，对骨病又做了专门的研究，于原配方中添加了蛇床子、苦参等药物，在达到治疗目的的同时，解决了皮肤瘙痒问题。在正骨医术方面，他针对跌打损伤类骨病进行钻研，初步摸索出了一套独特的伤骨固定方法，配合使用自己熬制的膏药，疗效大增。

古城膏药和正骨医术就这样在一代代的传承中不断优化和发展。第四代传承人崔元聚对家传的膏药制作工艺和正骨医术进行了改良，将古城膏药细分成三大类，即跌打损伤膏药、增生突出膏药和股骨头坏死性膏药。后来，崔元聚创立了"万春堂"膏药老店，两个儿子一直跟随他在万春堂制药行医。

从第五代起，古城膏药制作工艺及正骨医术开始划为两个分支——"万春堂"和"万宝堂"，分别由崔元聚的大儿子崔凤洲和二儿子崔十洲打理。兄弟二人在坚持祖辈膏药熬制技艺的基础上，结合自己的学科，重点对骨病、骨伤的诊治进行了探讨和改进。崔凤洲将药方由原来的36味增加到49味，扩展了膏药的治疗范围，进一步增强了古城膏药的疗效。而崔十洲则针对不同的骨伤部位制作了不同形状的膏药贴剂，使其更加有利于粘贴，保证了舒适度和准确性。

崔凤洲将祖传膏药炮制技艺又传给其子崔玉春、崔仲春，二人成为"万春堂"骨科的第六代传承人，并在淄博临淄万春堂骨科医院独立诊疗治病，为百姓服务。而崔十洲也将自己的"万宝堂"膏药和正骨医术传给了第六代传承人崔宝平。从治病的角度出发，崔宝平学习推拿按摩技术，对骨病患者进行后期康复推拿和按摩，促进血液循环，提高康复效率，使原有的膏药制作和正骨医术完美结合，形成了一套集制药、诊治、治疗、康复于一体的骨病治疗技艺。至此，古城膏药制作工艺及正骨医术走上了一条较为科学、正规的中医之路。

古城膏药制作工艺及正骨医术分为膏药制作工艺和正骨医术两部分。其中，针对不同的骨病古城膏药配方主要有四个方剂，即骨质增生突出膏、跌打损伤膏、股骨头坏死膏和苏木洗药方。骨质增生突出膏，包含冬虫夏草、当归、羌活、穿山甲、力参、杜仲等几十味中药；跌打损伤膏，包含伸筋草、狗脊、天麻、三七、冰片、杏仁、草乌、玄参、防己等；

图一　古城膏药的主要中药材成分

股骨头坏死膏，包含荆芥、川姜、桑寄生、麝香、甘草等中药；苏木洗药方，包含苏木、赤芍、荆皮、桃仁、红花等。其中，苏木洗药方主要是在患者患处复位以后，针对其关节僵硬、肌萎无力等症状进行热敷烫洗，保证患者尽快消肿、康复，减少痛苦和后遗症。

古城膏药的制作工艺及程序主要有八个步骤，分别是浸泡、炸药、炒丹、炼油、下丹、去火毒、加细药、摊膏药。首先按照组方要求，将配置好的药材浸泡在植物油中，遵循春季3天、夏季2天、秋季5天、冬季7天的原则，浸透药材。将浸泡好的中药材加热至药材炸枯，然后将油料加热，倒入药料，武火烧开，文火再炸，并不断搅动，使药物受热均匀，直到达到膏药所要求的程度为止。随后，把黄丹放入干净的铁锅或铜锅内，文火炒制，使丹中的水汽蒸发掉，松散为度。再把炸好的药渣捞出来，剩下的油继续熬制，先武火煮翻花，再改文火，直到滴水成珠。把炒好的丹药，缓缓放入沸油中，用槐木、柳木或桑木棍不断顺时针搅拌，待油上溢气泡冒出浓烟后，用竹筷点油，滴到凉水上三四滴，直到不散为止。

膏成后，将冷水喷洒于膏药锅内，让黑烟冒出，然后把膏药浸于冷水中3天～10天，每日换水1次～2次。将组方中的贵重药材，研细过筛，加入已熔化的膏药内搅拌均匀，或者在使用之前撒在膏药上。最后将膏药用温水泡软，取适量放于事先准备好的专用药布上，摊均匀即成。

图二　古城膏药熬制过程中的"下丹"

古城正骨手法轻巧，骨折整复过程中始终贯穿一个"严"字——严格检查患处位置、骨折程度及骨折类型，在辨证清晰的基础上，确定正骨手术方案。正骨过程采用"拔申""牵引""捏按""碰触""摇摆"等手法，讲究"手随心转，法从身出，刚柔相济，有条不紊，闭合正骨术"。

骨病诊断时，对于骨病患者除采用"望、闻、问、切"的方式以外，还要根据多年的祖传正骨经验进行按压、抚摸等，同时结合患者的X光片，准确地判断病因和病变部位，针对不同的骨病提出科学合理的治疗方案。

对错环、关节脱臼的患者，先根据祖传手法使病变部位复位，然后再进一步治疗。对于开放性骨折的患者，先对伤骨进行整复，对齐骨茬，做到不偏不离，贴上自制的膏药，再采用特制的夹板，按照部位走向进行科学固定，最大限度地保证患者的血脉流通，避免病变部位瘀阻坏死。

对于腰椎、颈椎、膝盖骨病变等其他骨病患者，为了使膏药贴得更为牢固、保证患者活动自如，需要把事先熬制好的膏药分别做成适合的形状，然后再贴在患病变部位。如颈椎部位要用"T"形，腰椎部位要用圆角长方形，膝盖部位要用圆角长方形或椭圆形，股骨头患者要用椭圆形。如此一来，能够达到不走形、不移位的效果，不影响患者日常活动，保证舒适和疗效。后期，患者基本康复以后，再根据家传的推拿手法对患者进行按摩治疗，疏通血脉，尽

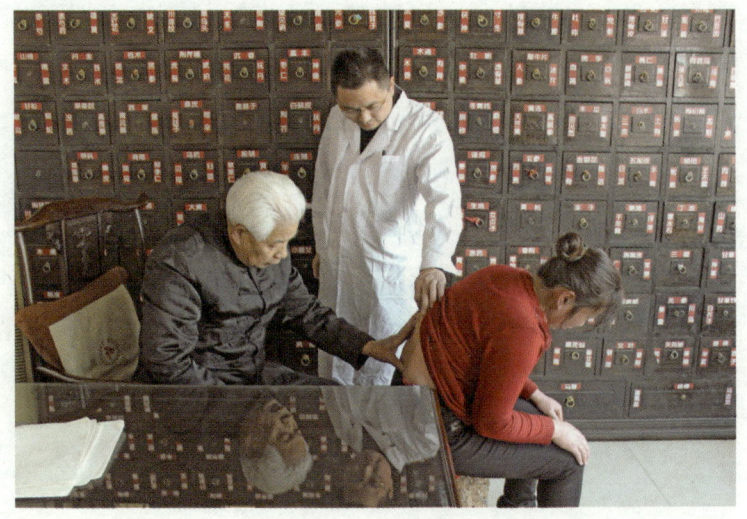

图三　第五代传人崔十洲为腰椎病人诊治

图四 不同形状的膏药，颈椎膏、腰椎膏、股骨头膏、关节膏、接骨地道膏

量减少或避免后遗症。

古城膏药大部分取材于普通中药，熬制方法传统、药效地道、价钱不贵、使用方便，深得大众认可。古城膏药和正骨医术诊治范围遍及全国，甚至还有韩国、日本、美国以及东南亚的一些国家的患者前来购置膏药和治疗骨病。

古城膏药制作工艺及正骨医术的传承并不仅仅是对中医技艺的传承，也是对传统中医悬壶济世、舍财救人的医德的传承，这也是古城膏药这块百年招牌的精华所在。150多年来，古城膏药是崔氏家族一脉相承的珍宝，历经六代，在药物成分、熬制技艺、骨病整复方面已经积累了相当成熟的经验；长期的行医实践，充分证明了其疗效的可靠性。古城膏药成分主要是中国传统中药材，熬制过程采用祖传的手法。六代人坚持祖训、家训，不以牟取暴利为目的，价格合理，膏药使用方便，深得百姓喜爱。古城膏药制作工艺及正骨医术是值得传承和发扬的老字号品牌，也是需要我们积极保护的中华优秀传统中医文化。

生氏正骨术

> 2016年，滕州市的"生氏正骨术"被山东省人民政府列入第四批省级非物质文化遗产代表性项目名录扩展项目名录。

几百年间，生氏正骨术在滕州逐渐产生、传承、发展、扬名，这与当地的区位优势及风土民情是分不开的。滕州位于山东省南部，地处暖温带半湿润地区，属鲁中南山区的西南麓延伸地带，是黄淮冲积平原的一部分。地势由东北向西南倾斜，依次为低山、丘陵、平原、滨湖。丰富的地形适合各种中药材生长，滕州自然植被资源丰富，盛产野生中药材，为生氏正骨术膏药制作的选材提供了优越的条件。滕州东依泰沂山脉，西滨微山湖和京杭大运河，地理位置优越，自古就有"九省通衢"之说。明清时期，李店村处于北京到南京的官道之上，人口流动量大，为生氏正骨术的发展提供了得天独厚的地理条件。

生氏正骨术，是生氏家族运用中医理论和中医推拿技术总结出的一套治疗骨折、关节脱位、闪挫扭伤、筋骨疼痛等骨伤疾病的综合性疗法。它始于清乾隆年间，至今300余年，已传承至第十一代。生氏正骨术第一代传承人为生作梅。关于生氏正骨术的起源，文献中有详细的记载。1936年，高熙喆在他编著的《生氏族谱·生公百魁》中写道："生作梅，字百魁，滕治西望冢人，性好古方书岐伯俞跗家言而苦不得人者时以索解于人。"《滕县志》中载："生作梅善接骨术，常合药以疗人跌打损伤，而最验者唯膏药一方。"这些史料记录了生作梅爱读医书古方，帮助看不起病的穷苦人治疗骨病的故事。

生作梅，字百魁，生于清康熙年间，卒于乾隆年间，曾是国子监留学生，后在兖州从军。因读过书，他在军中开始接触并学习正骨疗法，为袍泽们医治伤病，返乡后便在今滕州望庄镇行医。生作梅在广泛阅读传统医书、大量收集民间偏方、仔细研究人体骨骼特点的基础上，总结出了一套系统的正骨手法，并在行医的过程中不断丰富完善，形成了独特而有效的骨伤疗法。该疗法对骨折、跌打损伤、脱臼等骨病有奇效。生作梅独创的"徒手整复法"，概括起来说，就是使"断者复续，陷者复起，碎者复完，突者复平，离者复还"。随着年龄的增大，生作梅最后在滕州望庄镇定居下来，进行坐诊，堂号"济生堂"，并将正骨膏药技艺传给后人。

从第五代开始，生氏正骨术分成了两支：一支是生保扬，仍留在李店行医，后来传至第十代传承人生继广和第十一代传承人生嘉灿；另一支则是生保祉，他后来到了滕县（今滕州市）西北寓街行医，号"济生堂西记"。

生氏正骨术分为正骨和治疗两部分。

正骨前先诊断骨伤的情况。生氏正骨诊断可总结为"四诊"，即"望、问、摸、比"。先观察伤处有无突出或凹陷角度扭转的畸形，得出伤势的大

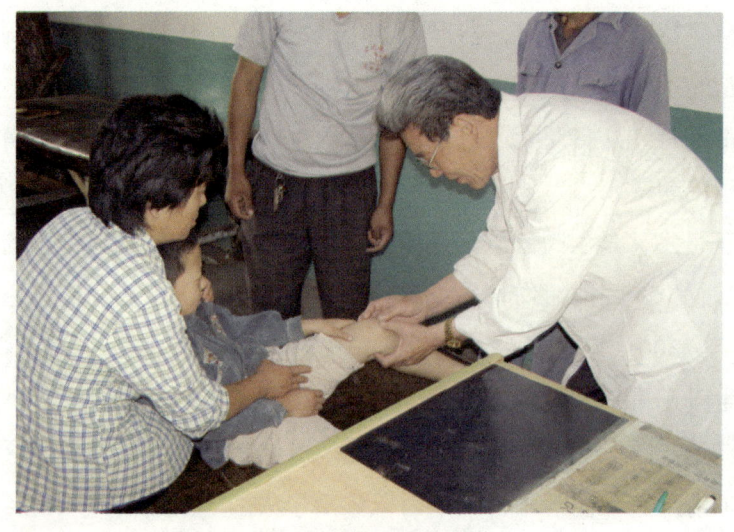

图一　生氏正骨术传承人为患者诊断伤情

概。然后再听伤者或其家属对伤情进行描述，了解其伤处的感觉和疼痛程度。摸诊就是用手接触判断伤部骨折的种类是横断、斜断、裂缝还是碎状等。比诊是将伤者与健者比较，找出长短粗细的差别，知其是骨折或是脱臼，以作为治疗的依据。正骨复位之后，再比其伤健两侧尺度直到相等为止。

接下来是正骨。正骨分摸法、接法、端法、提法、按摩法、推拿法等八种，这是生氏正骨术的基础疗法。在此基础上，每位传承人都有自己的扩展手法。在长期临床实践中，生氏正骨术形成了一套完整的功能疗法。这套功能疗法包括颈部功能疗法、腰背部功能疗法、肩部功能疗法、肘部功能疗法、腕部和手部功能疗法、髋部功能疗法、膝部功能疗法、踝足部功能疗法等。

正骨之后开始固定伤处。第一步是在伤处贴上生氏正骨膏药；第二步是在伤处打夹板固定，再配以活血化瘀、接骨续筋、强健筋骨、补益肝肾的内服药，促使伤处尽快恢复。药物疗法是骨伤科的重要治疗方法之一，向来被历代医学家所重视。"整体与局布并重""内治与外治并举""治本与治标兼顾"是生氏正骨术骨伤用药的三大原则和特点，素有"内治法、外治法"之说。生氏正骨术固定骨伤不用竹板，而是用杉树皮。这是因为竹板硬而实，没有弹性，容易磨伤皮肤、压迫血管，不利于骨伤的愈合；而杉树皮既有较好的硬度，又有些许弹性，对皮肤没有刺激，还具备一定的舒适度。

图二　传承人生茂安正在熬制膏药

生氏正骨膏药是生氏正骨术的一大特色，具有舒筋活血、消肿止痛、软坚散结、接骨续筋、强筋壮骨等功效，疗效显著、安全可靠、费用低廉，备受患者赞誉。生氏正骨膏药熬制过程复杂，每一个过程都要做到严谨细致，包括选材和熬制的时间，以及熬制的火候，都要把握精准。正骨膏药的制作过程共分为熬膏和摊涂两大步：熬膏包括炸油、净油、下丹、去火毒、凉膏等过程，摊涂包括温膏、摊涂、加药面、包装等过程。中华人民共和国成立后，生氏传人响应党和国家的号召，公开了膏药配方，济生堂并入公立医院。如今，生氏正骨膏药已注册了商标，"济生堂""助元堂"获得山东省食品药品监督局医疗治剂准字号。

生氏正骨术传人历经长期的医疗临床实践，在诊疗手法和用药配方上不断总结创新，形成了"四诊、八法"和"相其形、顺其势、伸其短、纠其偏"十二字诀，以及生氏正骨膏等独特治疗体系。生氏正骨符合治疗骨伤的客观规律，承载着古代劳动人民同疾病作斗争的经验和智慧。目前，生氏正骨术已由民间医术上升为独特的学科体系，探索研究人的肢体骨骼构造，以及骨折病理病因、预防保健和治疗规律，具有极高的科学价值。生氏正骨术因治疗成本较低、内外兼治、安全有效等优点，在鲁南、苏北、皖北、豫东一带享有较高的声誉。每年都有许多国内外患者前来就诊或拿药，年接待就诊人数达7万人次。

医乃仁术，生氏历代传人都秉承"医者父母心"的祖训，把治病救人放在第一位。民国时期，生氏家族出钱出力编纂《滕县志》，修城墙抵御日军，为民众做出了许多贡献。即使在今天，生氏传人仍追求一种真诚相待的医患关

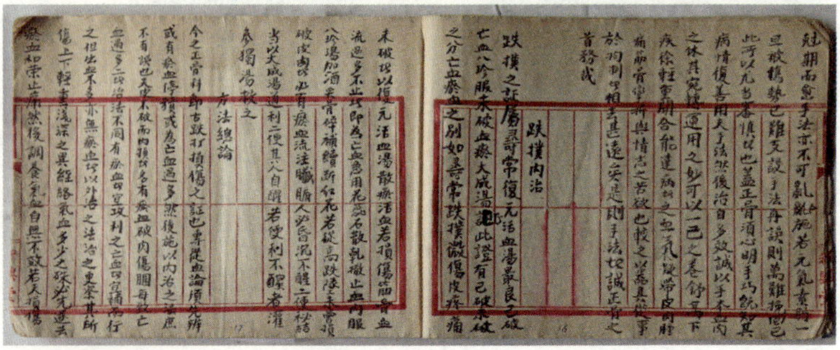

图三　生家保存的民国药方

图四　生继广传授生嘉灿药剂用量和配药

系，体现了中华民族的传统美德。生氏正骨术主张"对立统一"的阴阳五行学说，治疗上分轻重缓急，用药上"君臣佐使"相协调，加减变化灵通。许多美学观点在中医正骨中同样适用，体现了中医理论内涵的艺术性。

生氏正骨术第十代传承人生继广（1952年生）现为姜屯镇前李店生氏正骨医院院长和主治医生，2018年被山东省人民政府列为第五批省级非物质文化遗产传承人。他从事正骨工作40余年，以正骨手法娴熟和擅于熬制生氏正骨膏闻名，在鲁南、苏北地区享有较高声誉。生继广始终坚持"医者父母心"的原则，多年来一直致力于为骨伤患者解除病痛，造福万家。1990年，生继广被评为"山东省优秀乡村医生"；2007年，获"全国优秀乡村医生"称号；2009年，被评为"全省基层中医工作先进个人"；2011年，获得"全省中医适宜技术推广应用先进个人"等多项荣誉奖项。

为保证生氏正骨术更好地传承，滕州市非遗保护中心制定了详细的保护计划，建立了一支老、中、青三代相结合的阶梯队伍，积极组织带领传承人参加各类非物质文化遗产博览会，以此展示和宣传生氏正骨术。在展会中，传承人相互交流学习，开阔了眼界。另外，有计划地组织传承人到相关高校、研究机构进行了培训和深造，邀请全国知名中医专家前来指导，加强对生氏正骨术的理论研究，使生氏正骨术得到了弘扬和发展。

中亚至宝三鞭丸制作技艺

2016年,烟台市的"中亚至宝三鞭丸制作技艺"被山东省人民政府列入第四批省级非物质文化遗产代表性项目名录扩展项目名录。

烟台市地处山东半岛东北部,盛产各种药材1 300多种,其中包括北沙参、全蝎、枣仁、蔓荆子、黄芩、海龙、海马、石决明、海螵蛸、柴胡、茵陈、翻白草等较名贵的药材。烟台劳动人民用中医中药防病治病有着悠久的历史。作为北方最早的开埠城市之一,烟台是南药北上、北药南下的重要中转枢纽,南北药材在这里会集。21世纪初,烟台的中西药店(铺)数量达140多家,如中亚药房、生生堂、老存仁堂、中西大药房、太和堂等。独特的地理位置为三鞭丸的产生和发扬提供了便利条件。

中亚至宝三鞭丸源于南宋宫廷御方。该方由海狗鞭、广狗鞭、梅花鹿鞭、人参、海马、蛤蚧等40余味中药组成,为名医华佗之后华宏带入宫廷,后因战乱流失民间。直到清中后期,江南名医王日昌(王存仁)青年时在故里绍兴药铺学徒,觅得此方,后来在烟台开设老存仁堂药铺行医制药。因疗效确切,至宝三鞭丸逐渐成为当时上层人士保持旺盛精力和健康体魄的常用保健药品。随着时间的推移,至宝三鞭丸逐渐流传开来并发扬光大,迄今已有800多年的历史。

20世纪初,中亚药房于烟台草市街50号开业,至宝三鞭丸是该药房的主要产品,并取"中亚药房"的前两个字"中亚"作为产品的名号进行药品销售。中亚至宝三鞭丸在当时就以疗效确切、质量可靠著称。

1956年,中亚药房改为公私合营的中亚制药厂。制药厂购买粉碎机、包衣机、球磨机、搅拌机等制药设备,使至宝三鞭丸在工艺和设备改进上得到了长足发展。1959年,至宝三鞭丸开始大范围销售,产品畅销全国各地,同时产品还远销日本、韩国,以及东南亚、欧美等30多个国家和地区,被列为中国中成药出口四大名药之一,享有"神奇的中国小红盒"的美誉。

图一 "神奇的中国小红盒"

中亚至宝三鞭丸全方包括动物药、植物药和矿物药。产品经上百道工序精制而成,为黑褐色的浓缩丸、大蜜丸或小蜜丸,气辛香,味甘微苦。产品主要原料药为海狗鞭、广狗鞭和梅鹿鞭,虽三鞭价格昂贵,但药厂仍坚持采用原产原鞭,严把地道药材这一关,确保药材正宗,药量精当。

中亚至宝三鞭丸组方科学、配伍严谨,每一道工艺都细致考究,每一味用药都选料地道。如鹿鞭,先用火燎毛,切成均匀细段,加入辅料浸泡,浸泡后倒入已加热至冒泡的滑石粉中混合,烫至沸腾将鹿鞭捞出过筛。广狗鞭、海狗鞭、鹿茸、海马蛤蚧等,亦须严格按照工艺进行炮制。其他药材经过水洗晾干、粉碎、过筛、炼蜜混合、出坨、凉药、制丸、装入蜡壳盖戳后,装盒装箱

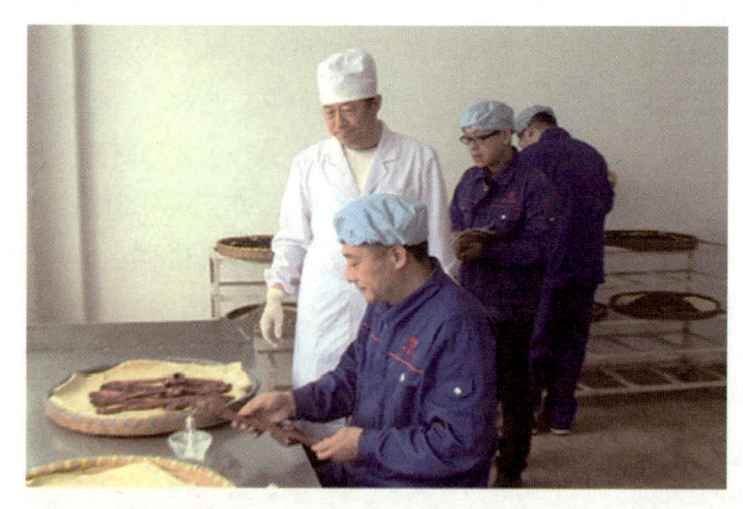

图二 鹿鞭炮制

出库。为了更好地传承和保护这一经典传统古方，传承人通过以师带徒的形式，手把手将每一道工序的手法、工艺进行传承。

至宝三鞭丸"一调二治三补四气相和"：一调阴阳，有效改善阴阳失调导致的腰酸乏力、精神萎靡、健忘失眠等症状；二治疾病，治疗阴寒凝滞、气血两虚、骨质疏松等疾病；三补五脏，培补真元、益肾填精、健脑生髓、精旺气足充满活力；四气相和，以肾阳虚入手，养精气，提升人体经络之正气。精气旺盛，五脏功能则强。补肾气，则祛病延年，增进脑力，恢复体力；调血气，则血脉相和，血气流通；归元气，则提升人体新陈代谢水平，增强睡眠，延缓衰老。

至宝三鞭丸以山东烟台芝罘为中心，逐步面向山东半岛，先后辐射北京、上海、福建等全国34个省市自治区，现全国各地区均已开通供货渠道。中亚至宝三鞭丸自1959年以来，远销东南亚（越南河内、马来西亚吉隆坡、新加坡、泰国曼谷等）、日本（东京、大阪、名古屋、横滨、神户、京都等城市）、韩国（首尔、釜山等城市）、欧美（旧金山、洛杉矶、巴黎、布达佩斯等城市），备受海内外华人推崇以及国际友人喜爱。

中亚至宝三鞭丸获得了诸多荣誉：1979年，被评为山东省优质产品；1981

图三 1995年，被授予"中华老字号"荣誉

年，获国家质量银质奖；1991年，获世界卫生组织颁发的传统药长城国际金奖；1995年12月，被国家贸易部授予"中华老字号"企业称号；1997年，"中亚"商标被授予山东省著名商标称号。

1998年4月，山东烟台中药厂加盟张裕集团，成立烟台中亚药业有限责任公司。公司拥有国内同行业中领先的中药生产和检测设备300余台（套）。2012年，公司由"中亚药业有限责任公司"更名为"烟台中亚医药保健酒有限公司"。2004年、2009年、2014年，公司连续3次一次性通过国家GMP标准验证。经过长期努力，至宝三鞭丸在生产和质量上都有了更可靠的保障，销售网络覆盖全国。

至宝三鞭丸先后在烟台毓璜顶医院、烟台山医院、长春中医学院附属医院、青岛山大医院、山东中医大学等17所大学、医院、科研所进行了29项课题研究，取得市级以上科研成果8项。其科学的配方、严谨的工艺对于中医药的发展具有重要的研究价值。

传承人王官连毕业于山东中医药大学，现任烟台中亚医药保健酒公司生产经理。他自1987年进入中亚公司至今已有30多年，从技术基层到营销管理、生产管理，他以30多年的药品生产经验结合自身扎实的中药学知识，使至宝三鞭丸工艺不断得到改进；通过创新活动、改进设备提高了药品生产效率，尽量避免药材在生产过程的损耗，使至宝三鞭丸在新时期下能够适应新环境并得到有效传承。

至宝三鞭丸配伍科学，君臣佐使，严谨精当，遵古炮制，以其生精补肾、健脑强身的卓越功效为人民群众强身、防病做出了巨大贡献，并在历史、文化、科研等方面有重要的研究价值。

古方珍贵的药用价值、神奇的配伍组方和深厚的文化底蕴，浓缩成传统中医药文化的精髓。至宝三鞭丸的工艺配方是中成药中包含药材较多的，内含的43味药材配伍严谨，不是简单地药材相加、无规则堆积，而是严格遵循我国传统中医药四气五味、君臣佐使、正治反治等独特法则与文化内涵。中亚至宝三鞭丸是国家首批中药保护品种，对研究烟台历史上各个时期的医药发展有较大的参考价值。

明通万应膏药制作技艺

> 2016年，招远市的"明通万应膏药制作技艺"被山东省人民政府列入第四批省级非物质文化遗产代表性项目名录扩展项目名录。

招远市位于胶东半岛西北部，由烟台市代管，属低山丘陵地带，山丘连绵，沟壑纵横。曲氏家族世代生活在招远市金岭镇北水口村，100多年来一直坚持行医、接骨、熬膏药，属于典型的"中医世家"。"明通万应膏药制作技艺"吸取了各家之精华，是经过曲氏家族五代人不断实践发展而成的医骨膏药制作技艺。在过去缺医少药的年代，明通万应膏药成了当时百姓治疗跌打损伤等骨科疾病的一剂良药。

据传承人曲明通的母亲讲述，19世纪中期，其祖上曲殿俊是半医半农，利用农闲时间用中草药配制"明通万应膏药"，为乡亲治病去痛。曲明通的太爷爷曲梦祯，得益于祖上的真传，在民间行医；爷爷曲振泰，承袭祖业，继续行医，但为避战乱，只在家乡为百姓治病，用更多的时

图一　家传古医书

间来研究古代医方；父曲宝文，跟随父亲上山采药，从祖上留下来的医书中学习钻研药性配伍，熟练掌握了熬炼技术；曲明通儿时在家中地窖里发现了大量祖传的医书，甚是喜爱，上学后，边学习文化知识，边悄悄翻阅家藏医书。

明通万应膏药属中药类，由48味名贵中草药精料经过严格的工序熬炼而成，主要成分有川芎、龟甲、龙血竭、土元等。制作流程共分8步：一是选药材，二是制膏油，三是炒丹，四是炼油，五是下丹，六是去火毒，七是摊膏药，八是加细药。曲明通翻阅了大量医学经典，潜心研究多年，并借助现代先进成像诊疗仪器，结合中医的阴阳辨证理论，对秘方进行了一系列的调整，缩短了临床治疗周期。他对每道工序的技术要求非常严格，而且上药必须由他本人操作。

图二 明通万应膏药制作所需的部分中药原料

明通万应膏药配料精细，通过严格的看、闻、摸等手段，从48味名贵中草药中精选出精料。精料研磨成细面后，熬炼而成膏药。其制作过程十分繁杂，每道工序的细腻程度之高，是其他药物配制难以比拟的。

图三　明通万应膏药制作技艺——熬膏药

20世纪90年代,凭着科学的研究方法和精益求精的精神,曲明通翻阅了大量中医骨科经典医著,深入研究中医药材和配方。他对"明通万应膏药制作技艺"进行了较大的改进,缩短了临床治疗周期,为更多的患者在短时间内解除了病痛。如今的明通万应膏药是曲明通潜心钻研30多年的成果。

明通万应膏药适用于风湿、类风湿性关节炎、腰椎间盘突出、强直性脊柱炎、跌打损伤、急慢性腰扭伤、股骨头坏死,各种闭合骨折复位后、开放骨折手术后骨不连,以及增生性关节炎、颈椎病、骨关节病等骨病。在"伤筋动骨一百天"的传统治疗期方面,曲明通进行了攻关,终于形成了明通万应膏药在治疗期方面的神奇特点:颈椎病,15天~30天;腰椎间盘突出,30天~45天;骨质增生,30天~60天;骨刺、股骨头坏死,60天~90天。明通万应膏药有药到病除、无副作用、无反复、不留后遗症的治疗特点。

自2009年起,招远市非遗保护相关部门,组织业务人员搜集整理了大量的文字、照片和影像等相关资料,对"明通万应膏药制作技艺"进行深入挖掘和保护,认真梳理项目的内容、特点、价值,同时加强对项目传承人及老工具,特别是老医书的保护,积极做好引导工作,提高思想认识,鼓励培养传承新人。

图四 《中国报道》第九十期讲述传承人曲明通的故事

　　膏药作为世界上独一无二的中医药学，蕴含了中华民族的智慧。"明通万应膏药"配方中的用料全部来自大自然，配伍独特，体现着天人合一的中医文化，具有重要的医学文化价值。

　　"明通万应膏药制作技艺"独特的用药处方，是在长期的临床实践中形成的，其中蕴含的科学原理，十分值得进一步研究和发展。"明通万应膏药制作技艺"流程难度大，产量小，经济效益不高。如今进入市场经济时代，"明通万应膏药制作技艺"逐渐从家庭作坊向规模化生产转变，产生了极大的经济效益。

　　在未来，为了更好地传承优秀中医文化，招远市将会推进成立"明通万应膏药制作技艺"研究中心，不定期邀请专家同行进行研讨，每年不少于1次，使项目的内容更加精益求精；利用报纸、杂志、电视台等新闻媒体，加大宣传力度，让更多的人熟悉"明通万应膏药制作技艺"，努力培养新的、更多的项目传承人，力求5年内传承人数量达到10人；不断完善、丰富"明通万应膏药制作技艺"传习所，不定期地进行演示、传习，同时搜集保护好老工具、老医书，每年至少2次向群众进行展示；拍摄"明通万应膏药制作技艺"宣传视频，邀请专家做指导，对项目的内容、特点、价值，进行详细地分析展示，利用假期、文化和遗产日、文化进社区等时机播放宣传；利用3到

5年的时间，将该项目的文字、图片编辑成书，使"明通万应膏药制作技艺"得到更好的宣传和推介，能够更好地传承下去。

明通万应膏药独特精湛的制作技艺是前辈医人留给子孙后代重要的非物质文化遗产，需要我们很好地传承和保护，让中医的智慧在当代继续造福社会和群众。

华疃正骨

> 2016年，潍坊市寒亭区的"华疃正骨"被山东省人民政府列入第四批省级非物质文化遗产代表性项目名录扩展项目名录。

潍坊市寒亭区位于山东半岛城市群轴心，历史悠久，史载为夏代寒浞建立，称古寒国。此地气候温和，四季分明，土地肥沃。华疃正骨正是诞生在这样一个风水宝地。

华疃正骨、栾氏膏药源远流长，诞生于清末的寒亭区双杨店镇华疃村栾氏家族，迄今已经100多年历史，是一种专治骨伤疾病的物理方法和特效药物。

史载，正骨最早出现在3 000多年前的周代。当时，人们对骨折后的正骨术已经有了一定的认识。春秋战国时期，出现了中医典籍《黄帝内经》，为中医正骨科学奠定了理论基础。伴随着社会、经济和文化的不断进步，到了隋唐时期，中医骨科已经有了很大发展。唐代的"太医署"，可算作骨科的雏形。"太医署"设有按摩科，有按摩博士和按摩师，配有按摩工协助治疗。《唐六典》说："凡人肢节脏腑积而疾生，宜导而宣之，使内疾不留、外邪不入。若损伤折跌者，以法正之。"这表明当时已经很注重手法治疗损伤疾病，由按摩医生负责，施以正确的治疗手法。至唐武宗会昌年间，出现了相传为蔺道人所著的《仙授理伤续断秘方》一书，对后世的骨折疗法影响很大。元代的医学教育分十三科，其中就有正骨科。从此，正骨科作为一个医学专科延续至今。明代设接骨科，清代设正骨科，时至今日，亦称伤科或正骨科、伤骨科。

据栾氏一代代的口述相传，栾氏膏药的制药秘方源自战国时期。栾氏的先辈早在明永乐年间就从事民间正骨的行业，颇有口碑。后由于战乱和饥荒，栾氏的先辈中断了行医活动。

清末民初，兵荒马乱，人民饱受战争的磨难，而当时骨伤疾病的多发与医治水平的滞后给当时老百姓的正常生活造成了极大的困扰。"华瞳正骨"创始人栾景宣，看在眼里，急在心头，于是下定决心重操祖业，肩负起为父老乡亲治病的重任。他利用自己所掌握的医学知识，结合祖上传下来的秘方，首先从牲畜身上开始试验和治疗。他按照家传秘方配伍，结合当时医疗的实际，白天上沟岭、下洼地采摘花草、植物，晚上查古典，细钻研，反复调配、煎煮。一次次的失败，一遍遍地总结，他终于研制出了以山中绿色植物为原料、经实践应用能在短时间内使骨伤牲畜快速康复的膏药。配合他独创的整骨手法进行治疗，腿折的马匹3天内就能痊愈。他将此方法迅速用于骨伤病患者身上，收到了非同一般的效果。于是，"华瞳正骨"和"栾氏膏药"应运而生。

图一　华瞳正骨创始人——栾景宣

华瞳正骨的手法独特，正骨法颇多，主要有摸、接、端、提、按、摩、推、拿八种。"机触于外，巧生于内，手随心转，法从手出"的正骨手法是治疗肘、髋、膝、踝等大关节脱臼和骨折整复的最佳手法，是治疗筋骨关节损伤的重要措施。华瞳正骨治疗因人因病辨证施治，不开刀、不手术，病人痛苦小、费用低、疗程短、恢复快，治疗率在95%以上。栾氏膏药历经栾景宣、栾同成、栾章之、栾尊一祖孙四代的医疗实践和不断创新，由栾氏膏药不断发展至更为丰富的治疗方法。其系列膏药型号均获得鲁药制字批准文号，主要膏药类别如下：

1. "活血骨康膏"。可活血止痛，散寒祛湿，化瘀消肿，接骨续筋；用于闭合性骨折、软组织损伤、颈和腰椎病、肩周炎、风湿性关节炎、类风湿性关节炎、腰肌劳损等。

2. "龙丹舒筋活血膏"。可散寒活血，舒筋止痛。用于跌打扭伤，属瘀血阻络症，症见瘀血肿痛，患处刺痛、掣痛，疼痛较剧，停着不移，或痛而麻木，不可屈伸，局部呈暗黑色。

3. "温经散寒膏"。温经散寒，舒筋活血。用于寒凝瘀血所致的关节疼痛，症见肢体关节疼痛，痛有定处或游走，疼痛剧烈，得热痛减、遇寒痛增，关节不能屈伸，皮色不红，触之不热。

4. "续骨补肾通络膏"。补益肝肾，温经通络。用于退行性骨关节炎病变引起的颈腰疼痛，属肝肾不足、寒邪阻络症，症见痹痛历时日久，患处刺痛、掣痛，疼痛较剧，停着不移，或痛而麻木，不可屈伸，骨节僵硬变形。

5. 栾氏熏蒸疗法。栾氏熏蒸疗法是集热辐射、药物治疗于一体的治疗方法，分全身皮肤给药和局部给药两种途径，利用蒸气作为传导媒介，有活血化瘀、疏通脉络、祛风除痹之功用。药物经熏蒸渗透于机体后作用较强，其挥发性成分经皮肤吸收，能达到全身各处。药物的作用较为均匀，吸收较快。局部

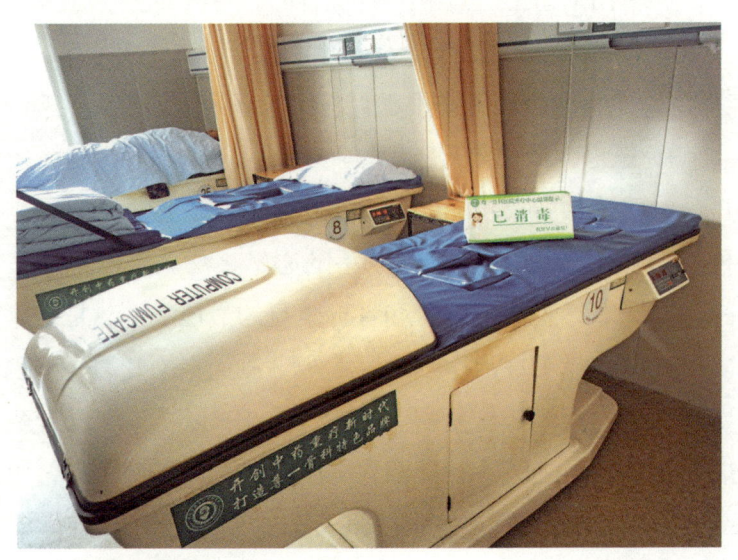

图二　熏蒸疗法

使用时，药物可保持较高的浓度，能长时间发挥作用。在治疗过程中，自始至终热强度均能保持恒定，能改善血管的通透性和促进血液循环，有利于加快代谢产物的排出、促进炎性致痛因子吸收。对比其他干热、熨烫方法，熏蒸疗法在治疗上更利于药物的稳定吸收，从而达到治疗和预防某些疾病的目的。该疗法主要适用于颈、腰椎间盘突出，强直性脊柱炎，无菌性股骨头坏死，骨质增生及骨折后关节粘连等症状。

100多年来，栾氏祖孙四代恪守"以医道医术成就其立德立言立功之志"的古训，树立"情系群众忧患，真心为民解难"的自律意识，以"病人与社会满意为最终目标"的服务理念，使"华瞳正骨"成为传统中医医学传承的楷模。

栾氏膏药制作的基本流程主要分为八步。详细步骤如下：

第一步先将处方药物血竭、穿山甲、自然铜、乳香、没药、透骨草等十六味中药精选干净，去除杂质，按处方量称重。

第二步炸药。将油料加热，倒入药材，文火再炸，并不断搅动，使药物受热均匀，炸至制膏所要求的程度为止（如变黄、炸焦黄、炸枯黑等），去渣滤净，即为膏油。

第三步把黄丹放在干净的铁锅内，文火炒至丹中水气尽，松散为度。急住火，需用铲子不断翻炒。

第四步炼油。药油可选香油，把香油放入干净的锅内，武火煮翻花，再改文火。一开始油水之气会直向上升，再过一会气体会向锅周边旋升，急用竹筷点油滴入凉水上，成珠不散，炼油已成。

第五步下丹。用微火熬油，把炒丹缓缓放入沸油内，用柳木棍不断顺时针搅拌，油会上溢气泡，冒出浓烟。待烟气稍尽，则急用竹筷点油滴到凉水上三四滴，稍成珠不散，拿

图三　栾氏活血骨康膏

珠擦净水，用干手试捏，以粘手而离手时不腻手为佳。急住火，或把锅抬离火炉，继续搅拌候其凉。

第六步膏成后，用冷水喷洒于膏药锅内，即有黑烟冒出，然后将膏药拧成小坨，浸于水中3日～10日，每日换水1次～2次。

第七步是加细药。将方中的贵重细药，加入已熔化的膏药内搅拌。

第八步是摊膏药。把尚未冷凉的膏药用竹筷团起，随膏药布大小，以竹筷点膏药布之中心顺时针摊一周，膏药制成。

华曈正骨是民间传统的中华医药瑰宝，是栾氏家族对中国传统医药文化的传承和发展。它对传统医药学的研究有较高的价值，对传承和发展中华医药学、提高人民群众的健康水平有着深远的意义。

小儿牛黄清心散古法制作技艺

> 2016年，济宁市的"小儿牛黄清心散古法制作技艺"被山东省人民政府列入第四批省级非物质文化遗产代表性项目名录扩展项目名录。

"济宁州，太白楼，城里城外买卖稠。一天门，南门口，吃喝穿戴样样有。老运河，长又长，抓中药，广育堂……"这首清代的民谣里的"广育堂"，就是广育堂国药的前身。广育堂是由御医徐春甫弟子李广育于明代万历六年（1578年）在济宁创建的。明万历十八年（1590年）被钦定为宫廷贡药，在孔府中设有广育堂分号，为历代衍圣公及其家人服务，并在北京、沈阳、重庆、南京、西安等地设有分号。小儿牛黄清心散正是广育堂的经典药之一。

散剂是古老的剂型之一，是一种或数种药物经粉碎、混匀而制成的粉状药剂。在中国最早的医药典籍《黄帝内经》中已有散剂的记载，散剂的特点古代早有论述："散者散也，去急病用之。"《名医别录》中对散剂的粉碎方法也有"先切细曝燥乃捣，有各捣者，有合捣者……"的论述。这些制备原则至今仍在沿用。

散剂经过2 000多年的临床使用，证实了其确切的疗效；散剂的各种优点也被现代医家所认同，如散剂具有配方稳定、用量经济、价格低廉、节约药源、使用方便、易于储存、药效直达、疗效确切、安全可靠的特点。明清以后，温病学说问世，使散剂有了新的内容。散剂按医疗用途又分为内服散剂与外用散剂，不仅在内科、儿科，而且在妇科、外科、眼科等都有疗效确切的散剂。

广育堂在继承前人技艺的基础上，创立了"小儿牛黄清心散"古法制作技艺。制法有其独特性，最大限度地保留了产品中药材最有价值的活性物质和各种有效成分。运用散剂治疗慢性疾病的药物比较平和，安全性比较高，基本属于无毒或毒性很小，对人体影响小。散剂炮制加工有很高的要求，必须做到每味中药的精心加工炮制，使其发挥更大的效果。

小儿牛黄清心散的组方和古法制作技艺均有独到之处。它是以天麻、胆南星、黄连、赤芍、大黄、全蝎、水牛角浓缩粉、僵蚕（麸炒）、体外培育牛黄、琥珀、雄黄、冰片、朱砂、金礞石（煅）等十四味中药材为原料，经现代科学方法粉碎、配制而成的纯中药制剂，用于治疗小儿内热、急惊痰喘、四肢抽搐、神志昏迷，还可以用于平喘化痰、解除支气管痉挛，解热、降温、抗高温耐缺氧，也可以起到保护中枢神经系统的作用。先进的生产工艺保证了药品质量，配方稳定、使用方便、易于储存、药效直达、无添加剂，循证医学证据充分。

小儿牛黄清心散为清热化痰止惊的中成药产品，组方根据儿童生理病理特点，从儿童病因病机出发，在安宫牛黄丸基础上调整加减，化丸为散更适合儿童服用，对于儿童上呼吸道感染、肺炎、支气管炎、疱疹性咽峡炎、腮腺炎、脑膜炎、小儿传染性单核细胞增多症、手足口病、食积发热、高热惊厥等病症有明显疗效，可以明显改善症状、缩短病程、防治重症。

小儿牛黄清心散处方中的君药为胆南星，清热化痰，息风定惊，用于痰热咳嗽、咯痰黄稠、中风痰迷、癫狂惊痫。天麻、黄连、赤芍、全蝎、牛角、僵蚕、大黄为臣药。其中，天麻息风止痉，平肝潜阳，祛风通络，长于平肝息风，凡肝风内动、头目眩晕之症；黄连清热燥湿，泻火解毒，用于高热神昏、心火亢盛、心烦不寐湿热痞满、呕吐吞酸、泻痢、黄疸；赤芍清热凉血，活血祛瘀，用于温病热入血分之身热出血、目赤肿痛、痈肿疮毒；全蝎息风镇痉，攻毒散结，通络止痛，用于小儿惊风、抽搐痉挛；牛角清热，凉血，定惊，解毒，治伤寒瘟疫热入血分，惊狂、烦躁、谵妄；僵蚕熄风止痉，祛风止痛，化痰散结，用于惊风抽搐、咽喉肿痛；大黄泻热通肠，凉血解毒，逐瘀通经，用于实热便秘、积滞腹痛、泻痢不爽、湿热黄疸。

佐使药包括朱砂、雄黄、琥珀、冰片、金礞石。其中，朱砂清心镇惊，安神解毒，用于心悸易惊、失眠多梦、癫痫发狂、小儿惊风；雄黄解毒杀虫，燥湿祛痰，截疟，用于痈肿疔疮、蛇虫咬伤、虫积腹痛、惊痫、疟疾；琥珀，镇惊安神，利小便，散瘀血等；冰片通诸窍，散郁火，去翳明目，消肿止痛，治中风口噤、热病神昏、惊痫痰迷、气闭耳聋；金礞石坠痰下气，平肝镇惊，用于顽痰胶结、咳逆喘急、癫痫发狂、烦躁胸闷、惊风抽搐。

散剂制作过程比较繁杂。首先经药师校验处方，按处方进行药物配方，配方要严格按照中药的四气五味归经及中医遣方用药的基本原则来配置，不能将中药一并进行磨粉混合，切忌一混了之。原药须经严格挑拣，去杂，晾晒干，然后进入下步炮制，其制作工艺十分繁杂，依据单药五味四气将药分别炮制加工。

接着将天麻洗净、润透，切薄片，干燥，捣散。然后将生天南星放在清水内反复漂，漂至无麻辣感后，磨成细粉；加入用铜锅熬过的牛胆汁，与天南星粉末拌匀；待胆汁完全吸收，晒至半干后，入臼内打和，切成小块，日晒夜露至无腥味为度。胆南星的古法要求在自然条件下利用天然存在的微生物进行发酵，其药性苦、微辛，凉，归肺、肝、脾经，具有清热化痰、息风定惊之功效。其次，全蝎除去杂质，洗净，干燥，捣散。紧接着水牛角浓缩粉洗净，锉成粗粉后研细粉。然后僵蚕（麸炒）：将麸皮撒于热锅中，候烟冒起，倒入僵蚕，炒至黄色，取出筛去麸皮，放凉，捣散。然后将牛黄研为极细粉末用。下一步叫"琥珀水飞"，将琥珀研细过筛后，置乳钵中，加水超过药面5厘米，水飞至无声放在舌上无渣滓感为度，先放置澄清一夜，然后吸出

图一　僵蚕捣散

图二　朱砂水飞

上层清水，将琥珀铺在纸上，纸盖晒干，再研细。再下一步名为"雄黄水飞"，指取雄黄粉碎后研成极细粉，加水适量研细，再加多量的水搅拌，倒出混悬液，下沉部分再按上述方法反复操作数次，除去杂质，合并混悬液，静置后，取沉淀物，晾干，研散。然后取冰片原药材，除去杂质，研成细粉。接着取朱砂原砂研碎，用磁铁吸去铁屑，放瓷钵内，加清水研细末，研乳过程中忌与金属器具接触。研至辰砂滑腻，去水晒干，古代采用"玉槌""瓷钵细擂"。然后取净金礞石，敲成小块，置适宜容器内，用无烟武火煅烧至红透，取出，放凉，拣除砂石，碾细研粉。最后将加工好的各味药材按照处方要求进行和药。

对于散剂的质量要求为药物粉细度达到120目筛，可通过"一看二嗅三尝"检查。一看，首先看外观色泽，如雄黄等呈棕黄色；二嗅，新鲜的散剂有一股特殊的中药香味；三尝，直接用嘴尝，通过味觉予以判断。

小儿牛黄清心散是个疗效显著的古方药，是历久不衰的效验医方，明代，在对该方进行加减化裁后，广育堂定其为广育堂秘方。经过400多年临床应用，医家对该方不断进行改进，使其安全有效性更为可靠。它不仅仅是小儿药，加量应用于成人病，疗效也非常好。小儿牛黄清心散是中医药界的翘楚，它的传承与保护对我国中医药工艺的传承发展影响深远。

王氏正骨

> 2016年，泰安市岱岳区的"王氏正骨"被山东省人民政府列入第四批省级非物质文化遗产代表性项目名录扩展项目名录。

巍巍泰山，五岳之尊。齐鲁以"一山一水一圣人"而闻名，这"一山"就是指泰山。自古以来，泰山孕育了数不胜数的优秀传统文化，王氏正骨也是其中之一。王氏正骨所在的岱岳区位于山东省泰安市中部偏北，处于"山—水—圣人"旅游线路中间。

位于泰安市岱岳区东南部徂徕山前的良庄镇为王氏正骨发源地。据考证，其附近大汶口文化遗址（北坛）出土的骨锥，即为古老的针刺针，最早用于针刺治病。这里地理环境优越，自然气候温和，文化底蕴深厚，人员居住相对集中，社会相对繁华，许多优秀的技艺正是在这片土地孕育而生，王氏正骨为其中的佼佼者。

良庄王氏正骨是由王氏家族先祖王凤谦始创于清光绪末年，距今已历六代100余年。王氏家谱记录，先祖王凤谦，经年习武，跌打损伤，时有发生，遂自创接骨拿环，手艺精进，终成一派。史料记载："逢（凤）谦，精岐黄并发明接骨，凡跌打车轧皮不破而骨碎者先接好，以膏药贴患处，再用竹木逼挺，勿使错位，不数日结成一片，愈后能负重，其效实过西人，世传遗术，远近赖之。"山东省情资料库记载："泰安良庄王逢谦总结整骨经验，概括为治外整

图一 正骨技艺创始人王凤谦

骨八法，讲究手法灵活、协调，内治注重调补肝、肾、脾及活血化瘀。"

王凤谦师从清末民间隐士，悉心研究正骨技艺60余年，自王氏正骨创立以来崇尚医德，对医患不分贫富均精心医治、施术舍药。王氏正骨百余年传承，造福一方百姓。

王氏正骨兴盛于第三代传人王佃木。他师承宗师王凤谦先辈、第二代传人王启忠，17岁行医，悬壶济世。王佃木毕业于山东中医药大学光明中医骨伤学院，擅长中医正骨，治疗各种骨折、脱位、腰椎间盘突出症、颈椎病、骨关节炎及各种疑难骨病，手法精湛。他多次获得政府表彰，现为泰安市非物质文化遗产传承人。他早年在山东省第一届骨伤学术交流会上发表论文——《手法正复、小夹板固定治疗肱骨髁上骨折》，受到与会人士好评。百姓乐评他为"莫愁折骨无医处，踏破青山识佃木"。王氏正骨医德医术，自20世纪70年代至今，有口皆碑，广为流传，百姓致谢称"华佗再世、妙手回春"。

王氏正骨，历史悠久，集众家之长，创独家正骨手法。该疗法不手术，只需配合王氏中药秘方，极利于四肢闭合性、简单开放性骨折和脱臼的治疗，是骨伤科患者治疗康复不可多得的独特治疗方法。多年来的实践证明，同一骨伤患者采用良庄王氏正骨手法复位一般只需开刀手术十分之一的医药费用，有的甚至更少。王氏正骨采用木制小夹板固定，器具简单，自行制作，成本低、费用少、效果好、康复快、能负重，而且基本不会出现骨折创面不愈合或迟缓愈合的情况。

据第四代传承人王春雷介绍，治疗需视骨伤病情，采取手法复位、内服中药制剂、外敷膏药、配合独创的木制小夹板固定进行治疗，总体遵循先期静养、后期导之以功能锻炼、外加中药汤洗的原则，循序渐进，达到患者功能恢复的效果。正骨过程需沉着稳健把握骨折部位、稳定控制患者情绪，瞬

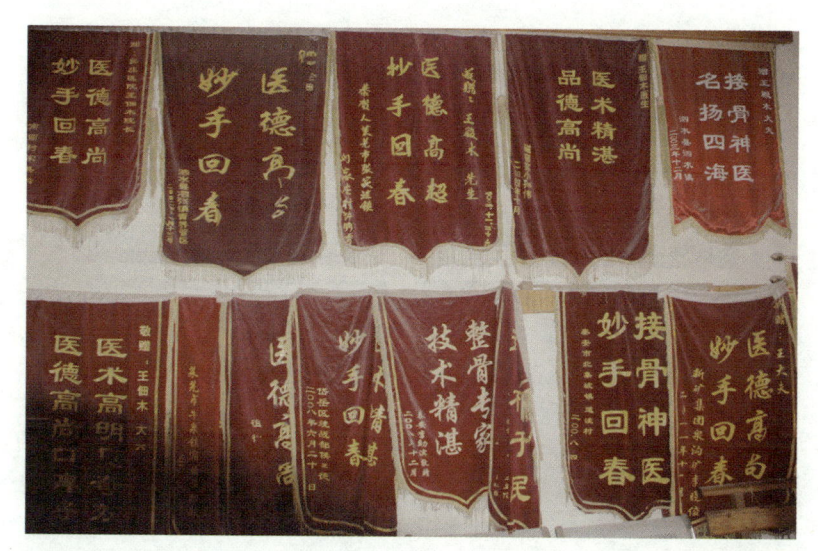

图二　病人赠送的锦旗

间施用手法复位，力争达到解剖复位的准确复位程度，手法要求动作敏捷、刚柔并济、力度适宜，果断施治，整个过程充分体现了王氏正骨稳、准、狠、快的手法特色。

此疗法具有内外兼治、动静结合的特点。尤其是王氏祖传独创的虎骨救济膏，选材地道，配方严谨，效果奇佳。该膏药采用多种名贵稀缺中草药，以柴火为薪，依时调控火候熬制而成。新熬制的黑膏药，色如漆，气浓郁，韧性好，易贴敷。

多年来，良庄王氏正骨影响遍及全国，慕名而来的重症骨伤患者络绎不绝，其中不乏伤口感染久治不愈者，更有无数不愿开刀手术专程前来就医者。这些患者均迅速康复，百姓致谢"华佗再世""德医双馨"。

为了保护传统技艺，泰安市王氏正骨传人努力开拓思路，自筹资金创办了王氏正骨研究所。到目前为止，研究所已开展各种形式的学术交流活动多次。他们及时总结经验，集中解决工作中遇到的各种疑难骨伤病症，建立会诊制度，派专业人员到山东中医药大学和上级医院学习进修，并制订长远发展计划。由于王氏正骨影响广泛，2008年，王氏正骨被录入"泰安市市级非物质文化遗产"；2014年，山东省商务厅授予王氏正骨"山东老字号"称号。

图三　王氏正骨研究所荣誉

"宁不做名医，也要做善医。"王佃木早上进诊室，不到天黑出不来。"不忍心看着病人痛苦呻吟，只要屋里有病人，我再饿也是一口饭也咽不下去。"面对百姓好评如潮的口碑，王佃木依然低调、平淡。在为病人诊治中，王佃木牢记祖父和父亲的训导："正骨先正己，学医德为先。骨头断了可以接好，医生名声坏了，再正过来就难了。"细节总是能让人清晰地捕捉到一个人的本质，无论贫富、亲疏、老幼，王佃木对待求诊的病患一视同仁，问诊时语气温和，如同邻家长者。他用自己的行动来践行"医者父母心"。

站在历史的新起点上，王氏正骨人秉着承前启后、继往开来的气魄，准备迈出更坚实的步伐。他们筹划组织人员搜集、整理、总结良庄王氏正骨的相关资料、史料，建立病历、医疗档案；建立良庄王氏正骨网站，开展网上咨询服务和网上诊治业务；成立良庄王氏正骨研究会，深入研究、探讨王氏正骨的手法和机理；计划培养新一代良庄王氏正骨接班人，采取送出新人、请进专家的方法，广泛交流，取长补短，把王氏正骨发扬光大。更为让王氏正骨人向往的是，建立王氏正骨医院，配备相应的病床和先进的辅助医疗设备，接纳救治更多的骨伤病人，造福人民，造福社会。行之苟有恒，久久自芬芳，王氏正骨术这门百年的技艺，是中医精神忠实的守望者，在传统医术的发展历程中熠熠闪光。

孟氏接骨膏制作技艺

2016年，新泰市的"孟氏接骨膏制作技艺"被山东省人民政府列入第四批省级非物质文化遗产代表性项目名录扩展项目名录。

新泰市地处鲁中腹地，泰安市东南部，有着悠久的历史和光辉灿烂的文化。早在四五千年前，我们的祖先在这里创造了灿烂的古老文化，揭开了东方人类文明的序幕。考古调查发现，柴汶河两岸有不少遗址，大汶口文化、龙山文化、岳石文化、皆有遗存，并出土了大量精美的有代表性的器物。而作为中

图一　孟氏接骨膏历代先祖传承的部分古医书

华文化的重要组成部分,该地域的传统中医药文化也丰富繁荣,先后出现了几十家有影响的中医世家,其中新泰市的孟氏接骨膏为重要代表之一。

孟氏接骨膏疗法主治骨折、脱臼等一系列运动损伤,有破血逐瘀、和血生骨、补血养身的功效。其制作技艺历史悠久、底蕴深厚,是中华优秀中医药文化宝库中的代表之一。其以丰富深刻的中医理论和独特的医疗方法,为研究中医药文化提供了很好的样本。

孟氏接骨膏用料考究,在祖传正骨秘方的基础上,根据药物的功效和性味归经,并结合多年临床经验研制而成。

首先是药材采集挑选。孟氏接骨膏主要用药有乳香、没药、马钱子、麝香、自然铜、骨碎补、大黄、牛膝、桔梗、冰片等,重用牛膝、桔梗,升降同用,一升一降,宣畅气机,使气血升降调和,从而产生疏其气血、令其调达而至平和的效用;同时选优质棉籽油为辅料,注重药材比例、投放先后顺序以及熬制工序,并对症下药。

其次,选好的地道药材经炮制后,依据药材特性和时令节气而定,其中部分大黄酒制用以充分发挥荡涤祛瘀功效,部分大黄煅制增加止血功效。

再次,将棉籽油倒入锅内,将炮制后的药材放入油中用火熬,加入棉籽油熬制出来的膏药对皮肤无刺激、黏合度高,适宜骨病患者长期使用。火熬的时间凭经验把控,初期用劈柴文火加热,以先后的原则放入药物;油开后每隔

图二　孟氏接骨膏所使用的部分中药材原料

15分钟用桑木棍搅拌一次,搅拌4次后将药渣从油中过滤捞出,然后改用豆秸武火加热;下红丹后,再改用槐木棍搅拌至滴水成珠,过滤后使其凝固成膏药,然后趁热将膏药倾入冷水中去火毒。膏药未去火毒,不但影响药效,贴敷时还会刺激皮肤。接下来,停火冷却后即可摊涂,用手反复揉捏,使其不粘手且柔韧黑亮。最后为方便使用,将膏药做成单片,置阴凉处储存。

  孟氏接骨膏制作技艺传承谱系清晰完整,目前已传承至第八代,当前主要传承人为孟兆亮。孟兆亮将理论与实践紧密结合,深入挖掘该项目的历史文献资料,发表论文多篇,并参与相关专著,积极扩大孟氏接骨膏的影响力;同时,依托新泰孟氏医院优势资源,积极研发新产品、新疗法,提高孟氏接骨膏的品质。近年来,新泰市孟氏骨科研究所、新泰市孟氏中医药研究所以及非物质文化遗产保护领导小组相继成立,建立了非遗展览馆,组织系列培训交流、学术研讨活动,积极参与政府组织的公益活动,使孟氏接骨膏制作技艺不断深入人心。

  作为孟氏接骨膏制作技艺项目的保护单位,新泰孟氏医院积极履行保护单位应尽职责,下一步将深入挖掘整理非遗资料,建立完备的资料储备平台;组织专家对孟氏接骨膏进行药理实验和论证,形成完善方案;申请孟氏接骨膏国药准字号批号,实现孟氏接骨膏的广泛应用;制订翔实的传承人群培养计划,

图三　新泰市孟氏正骨医院牌坊

组建老中青相结合的人才梯队；与相关高校、科研院所建立合作关系，推动孟氏接骨膏"走出去"，吸纳优秀人才"走进来"；搭建一流的孟氏中医传承平台，持续完善集治疗、中药种植、制药、科研、预防保健、养老、文化展览为一体的传承保护体系，打造享誉全国的孟氏接骨膏品牌。

经过孟氏数代人的坚守与努力，新泰孟氏医院先后成立了新泰孟氏骨科研究所、新泰孟氏中医药研究所，有多项研究的项目获奖：孟氏正骨及其药物（接骨膏药、生骨散等）已获十多项国家发明专利；孟氏正骨临床应用研究荣获"山东省科技创新成果奖"；"微波银质针对颈椎关节功能的影响和孟氏正骨临床应用研究"项目荣获泰安市科技进步三等奖；"补肾活血方治疗原发性骨质疏松症"项目荣获泰安市科技进步二等奖。近年来，新泰孟氏医院在治疗颈肩腰腿痛、骨质增生、风湿性关节炎等方面也取得了重大突破，治愈率高达99.8%。孟氏医院先后被评为"新泰市先进单位""山东省十佳医疗机构""山东省'十三五'中医药重点专科建设单位"以及"山东省非物质文化遗产生产性示范保护基地"等荣誉称号。

孟氏接骨膏采用传统工艺，选药地道严谨，医治效果良好，以"天然药物，绿色疗法"为特色，充分体现了自然科学之美，中华人民智慧的结晶。由于孟氏接骨膏及其正骨技艺源远流长并不断丰富，形成了兴盛不衰的品牌和知名度，属北派正宗的中医文化，对中华传统中医药文化也产生了较大的影响。

孙氏整骨

> 2016年,威海市文登区的"孙氏整骨"被山东省人民政府列入第四批省级非物质文化遗产代表性项目名录扩展项目名录。

威海市地处山东半岛东部,三面环海,是中国第一批沿海开放城市。据考古发现,早在新石器时代这里便有人类生存繁衍。明代,威海卫署已开始设训科管理卫生事务,城中也开办了中药堂为百姓诊治疾病。到了清代,卫署守备李标捐俸设立药局,搜集验方,炮制药材,以满足病人看病之需。悠久的历史造就了威海浓厚的中医药文化氛围;现如今,威海的医疗和卫生事业发展呈现出欣欣向荣的局面,有许多有名的中医在此坐诊,其中就包括孙氏整骨的传人们。

孙氏整骨起源于清德宗光绪年间。孙老先生(具体名字不详)壮年时救了一位逃荒老人,为报答救命之恩,逃荒老人将其整骨术传授于孙老先生。得到真传以后,孙老先生开始在威海卫行医,救治了大量骨伤疾病患者。孙老先生晚年时将整骨术传于儿子孙连生。从此,"孙氏整骨"在烟台市的牟平、威海市的乳山一带流传,颇具影响力。

孙氏整骨第三代传承人孙竹庭(1902年生),自幼随父亲孙连生学习孙氏整骨术,18岁便誉满乡里。他先后开办了整骨诊所和"同顺堂"药房,为乡人治疗骨伤。1958年10月,为贯彻落实政府关于"继承、发扬、整理、提高祖国医学遗产"的中医政策，原文登县整骨医院建立。孙竹庭毫无保留地将孙氏整骨技术贡献出来，帮助文登整骨医院站稳了脚跟。孙竹庭坚持带徒跟诊、言传身教、传承医法，培养了朱惠芳、孙文学、谭远超等一大批传承人。1962年，孙竹庭与朱惠芳等人将孙氏整骨术归纳为"整骨十二法"，并结合西医先进技术，进行中西医创新结合，将孙氏整骨术推向了全国，打造出"文登整骨"的特色品牌。

孙氏整骨主要针对"闭合性"骨折与关节骨折及软组织损伤等病症进行治疗，依据望肿胀部位和畸形情况，摸骨面、骨缘压痛点、凹陷高突，以及听骨擦响声来判断骨折的部位、类型和错位情形。

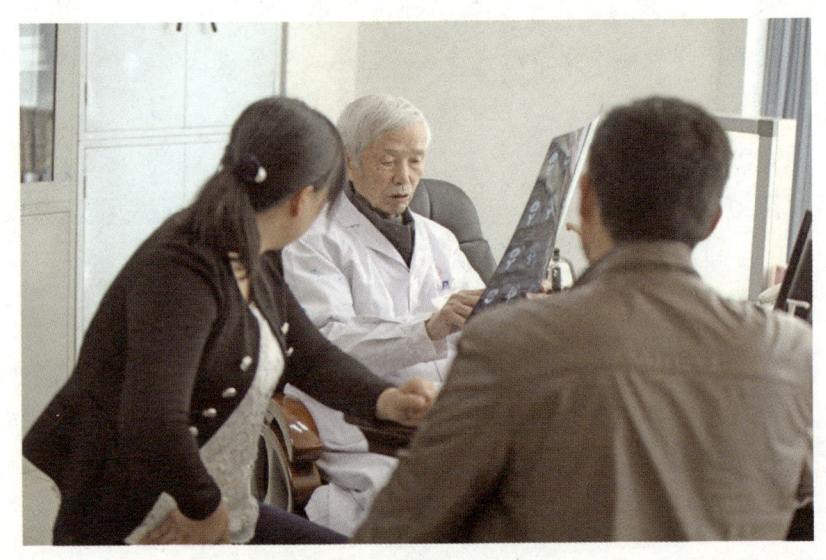

图一　孙氏整骨传承人朱惠芳为患者诊断

孙氏整骨治疗方法主要是手法拔伸和理正，并以纸壳或木质夹板固定。对于不稳定的骨折，需要在易错位处加垫棉团，防止再次移位。每日或隔日解开夹板，触摸骨端是否有移位，如有错位，再继续整复，直至完美复位为止。必要时使用骨元针、髓内钉等进行内固定，固定期间内服接骨药。大多数患者经三周治疗后即可屈伸关节、下地活动。该疗法具有骨折愈合快、功能恢复好的优点。

"整骨十二法"包括手摸心会、体位牵转、成角折顶、推挤提按、相向回绕、夹挤分骨、摇摆推顶、旋转回位、扣挤击打、牵抖屈伸、撬拨扩新、按摩推拿等。其中,"手摸心会"是整复骨折的基本方法,贯穿于整复全过程,是施行手法的首要步骤。首先用手触摸骨折部位,先轻后重、由浅及深、从远至近、两端相对,仔细摸清骨折移位的方向,结合X线影像,医者在头脑中形成骨折移位的立体形象,达到"知其体相,识其部位,一旦临证,机触手外,巧生于内,手随心转,法从手出"的境界。手法的运用要准、稳、轻巧,做到有条不紊,切忌粗暴。

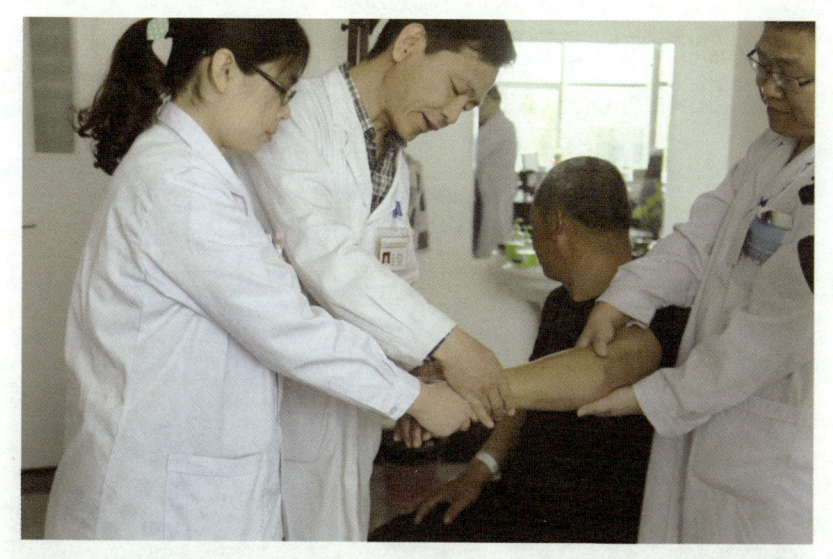

图二 传承人们运用"整骨十二法"为患者诊治骨伤疾病

"撬拨法"主要用于关节内骨折或其他手法不易达到良好复位的骨折与脱位伤病,方法是利用钢针挑开阻碍复位的软组织并直接拨动骨折块复位。"扩新法"用于骨折或脱位时间较长、断端或关节间隙已被新生的软组织填充的伤病,复位前先用专业的针、刀将阻挡复位的瘢痕组织切开、剥、削,将挛缩卷曲的关节囊、韧带、腱膜理顺,形成新鲜创面,这样有助于骨折复位后的愈合及关节脱位的关节囊、韧带、腱膜的修复与重建,起到"推陈出新"的作用。"撬拨扩新"的过程中要注意选择合适的进针点、方向、进针深度及拨动范围,避免损伤重要组织。

"维持体位"是四肢骨与关节损伤闭合整复中一项贯穿始终的重要手法。开始触摸了解骨折断端情况时,要稳定伤肢与原来畸形的轴线,防止骨折断端移位加大,刺伤其他组织。复位过程中,病患要配合医者做相应动作;外固定时,保持肢体的正常轴线,便于夹缚。"牵引"主要是克服肌肉的对抗力,矫正重叠移位。对于陈旧骨折与脱位,采用边变换牵引方向边转动肢体的方式,松解粘连,以便于进一步整复。手法运用要由轻及重,逐步增加牵引力,并且在这一过程中要根据医者整复的需要,适时调整牵引力的大小。

为了帮助骨伤愈合,孙氏整骨还需搭配内服或局部外用自配中药。得益于威海温带大陆性季风气候的条件,当地尤为适宜中草药的生长、炮制和保存,为孙氏整骨所需的"消肿止痛胶囊""接骨药丸""正骨伸筋胶囊""展筋活血药"等药物的制作提供了得天独厚的物质资源。

图三 孙氏整骨所需医疗器械及药品

如今,孙氏整骨的几代传承人与时俱进、开拓创新,在孙氏整骨传统手法的基础上,结合现代解剖学及生物力学理论,秉承"筋骨并重、辨病诊治"的原则,从单纯闭式手法整复发展到了采用"经皮穿针技术、外固定支架技术、微创接骨板技术、髓内钉技术、枕颌牵引"等30余项中医特色疗法治疗骨伤，为多所院校联合培养了中医骨伤科博士和硕士研究生近30人。2014年，"锁骨骨折手法复位闭合穿针内固定技术"成为"山东省适宜卫生技术推广项目"。

孙氏整骨是中医药学术的重要组成部分，此技术疗效显著、操作简单、成本低廉。孙氏整骨在正骨术中自成一派，独具一格，与目前医学界常采用的治疗手段相比，有明显的优势。首先是诊断和治疗方法无创伤，病人无痛苦，基本不受外界条件限制，徒手可行。其次，诊疗范围广泛，可对所有人体"闭合性"骨折与关节骨折及软组织损伤进行治疗。另外，治疗方法所用到的内服或局部外用自配中药取材方便、价格低廉、可操作性强。最重要的是治疗效果显著，孙氏整骨在业内影响力巨大，群众口碑良好。

目前，孙氏整骨医疗范围辐射至全国30多个省市，以及韩国、日本、美国、加拿大、南非等国家和地区，每年治愈门诊骨伤病人30多万人次，治愈住院骨伤病人近20万人次。孙氏整骨先后获得了"国家科技进步二等奖"等科研成果奖项50多项。孙氏整骨正朝着成为业界标杆的目标而努力，后代和传承人们将"治病救人，福泽万家"作为己任，尽可能为中国中医药事业贡献自己的力量。

仇氏正骨术

> 2016年，郯城县的"仇氏正骨术"被山东省人民政府列入第四批省级非物质文化遗产代表性项目名录扩展项目名录。

郯城县是山东省临沂市的下辖区县，位于山东省最南部，地处鲁中南低山丘陵区，境内交通便利，是齐鲁大地与江淮地区交流的咽喉要道，同时也是古徐国文化的重要发祥地。当地民风淳厚，因受到南北文化的共同影响，形成了开放包容、兼收并蓄的社会氛围，孕育了独特的传统中医药文化。

清乾隆年间，有一个小村庄叫仇村，这里的人们世世代代日出而作、日落而息。仇氏正骨的来源有一个故事，有一天，村子里的仇亮祖天还不亮就下地干农活了。忽然，耳边传来一阵急促的马蹄声，随着一声惨叫，有人跌落下马，仇亮祖赶忙放下手里的农活，跑过去看个究竟。只见一位黑衣大汉躺在地上，浑身是血，痛苦地呻吟着，而受惊的马儿早已跑远了。仇亮祖立刻上前查看，黑衣人见到他后，艰难地请求道："老先生，有人追我，快救救我。"仇亮祖用尽全身的力气背起黑衣人躲进了高粱地里。又一阵杂乱的马蹄声接近，一队人马停在了路边，领头的那个说："看，这里有鲜血，应该就在不远处。""马蹄印是朝着那个方向去的。"一群人吵着顺马蹄印方向追去。

虚惊过后，仇亮祖看黑衣人伤势很重，于是趁着天还不太亮，背起大汉一步一步往家走。用尽九牛二虎之力回到家中，他召集家人前来，吩咐家人悉心照料受伤的大汉，他自己则准备去请大夫来给大汉看病。黑衣大汉摆摆手，低声说道："不需要请大夫，也请大家不要声张，以免招来杀身之祸。"

善良的一家人纷纷点头答应，然后分头忙活起来。黑衣大汉拿出一个方子，让仇家人照着方子去买些药材，同时砍些高粱秸回来。他让仇亮祖先把高粱秸砍成短棍，沿着他受伤的胳膊摆好，然后让仇亮祖把他的胳膊拉直并用布条将高粱秸捆在胳膊上，腿的伤处也做了同样的处理。伤情处理完后，他让仇亮祖的家里人把买来的各种药材磨碎，少量多次放进银器里，加上黄酒，用银勺子搅拌均匀，每天早晚各服用一次。没几天，大汉竟然可以下地走路了。

一天，大汉悄悄把仇亮祖叫到身边，跟他交代了自己的身世。原来他姓叶，是乾隆身边的御医，因宫廷内斗逃出紫禁城，结果被对手的人一路追击，人和马相继受了重伤。为了报此救命之恩，黑衣大汉交给仇亮祖一个接骨药方，并告诉他这是宫廷秘方。自此，大汉教仇亮祖按照药方辨识药材、研磨、配比、制药，又拿自己作为实验对象让仇亮祖练习接骨手法。就这样，他跟着仇家人一起粗茶淡饭又度过了些日子，同时也体会到了这家人的仁爱与善良。高粱秸取下来后，大汉的身体慢慢活动自如，于是告别了仇家人，启程回乡。

掌握了正骨技术的仇亮祖，在仇村开设了"仇氏正骨堂"，行医乡里。这次意外得到的馈赠让他更加笃信善有善报，仇亮祖要求自己和家人身体力行，恪守善良、守信、仁爱的品德，治病救人，造福桑梓。此后，仇氏一族遵循祖训，一脉相传，后世名医辈出。第三代传承人仇永袍谦虚好学，善于钻研，内科、外科均有涉猎，名扬苏鲁一带，为仇氏正骨的发展奠定了基础。

"仇氏正骨堂"传至第七代传承人仇凤俊后，仇凤俊为了继承和发扬祖传医术，打破了"传长不传幼"的家训，将弟弟仇凤鸣收为助手，让他跟随自己学习正骨技艺。1980年仇凤俊退休后，长子仇文平继承"仇氏正骨堂"，并在仇村开设了正骨诊所，后搬迁至交通便利的庙山镇马站村，逐渐发展成集传统骨科、特色理疗科、现代内外科等科室于一体的郯城马站整骨专科医院，并延用"仇氏正骨堂"的字号至今。

仇文平在传统正骨疗法的基础上融合西医技术，使仇氏正骨术进入现代化的发展之中，开创了仇氏正骨在中西医结合领域的新纪元。仇文平曾经治愈过

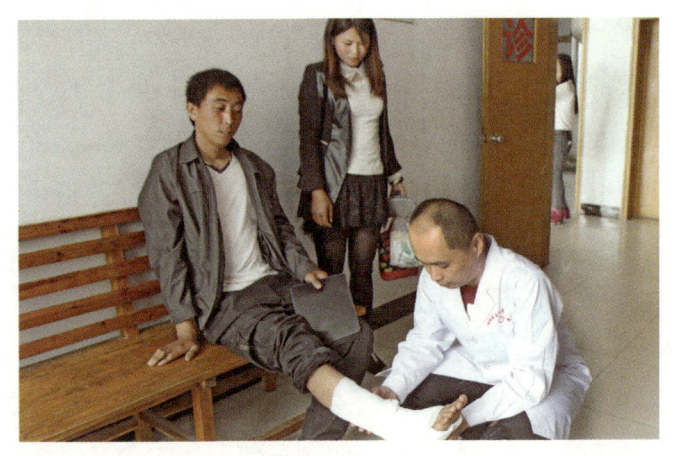

图一　仇朝峰为患者检查康复状况

一位20多岁的脚内翻病人，当时患者脚内翻的状况已经严重到用脚面走路，如果仅用传统中医正骨，无法完全恢复正常，若只通过当时的西医治疗，效果也不能保证。最后，经过仇文平的手术矫正和中医正骨手法治疗，病人的双脚恢复到了可以正常行走的程度。这位已经20多年没有像正常人一样走路的病人和其父母喜极而泣，他们看到了今后生活的保障和希望。2005年，仇文平将医院交给第九代传人仇朝峰负责运营，至今仍服务于当地百姓。

仇氏正骨术以传统中医的整体观念和气血理论为基础，治疗过程分为两步：首先是正骨固定治疗，主要采用徒手整复法，以"摸、接、端、提、

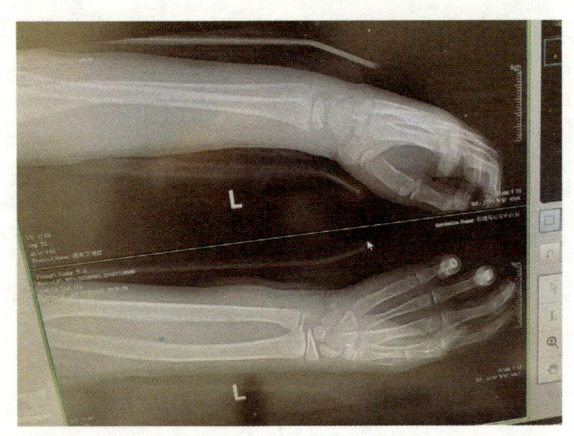

图二　运用"仇氏正骨八法"整复后的骨伤部位

推、拿、按、摩"仇氏正骨八法,使骨伤迅速复位,再用小夹板固定;然后进行功能锻炼,配合祖传接骨药,接骨续断,达到功能修复、内外兼治的效果。

在临床实践中,仇氏正骨术把整复作为治疗骨伤的关键,采用调线拨伸、整复对位的方法,突出强调"调线拨伸"在治疗过程中的作用。另外,强化骨伤整复术后管理。《整骨心法要旨》中指出:"身体上下正侧之像,制器以正之,以辅手法之所不逮。"仇氏正骨在术后采用小夹板固定,从而防止整复后发生移位现象,便于观察血运情况,随时矫正和调整松紧度。

仇氏正骨术患者的恢复共分为早、中、晚三个阶段,并根据不同的阶段辨证用药,早期注重活血化瘀,中期注重接骨续筋,后期注重补血养气。

值得一提的是,仇氏祖传接骨药方疗效独特,组方合理,经济实用,历经200余年的临床验证,具有活血化瘀、消肿止疼、接骨续筋、去瘀生新、祛风活络、健壮筋骨的功效,在治疗跌打损伤、骨折脱臼、陈旧努伤、筋骨麻木等方面效果显著。

仇氏正骨术蕴含着丰富的医学实用和学术价值,能有效减轻病人的痛苦,具有极强的人文意义,这也是仇氏正骨术最主要的价值。仇氏接骨药渗透力强,显效快,疗效确切,无毒副作用,安全可靠,无后遗症,治疗费用

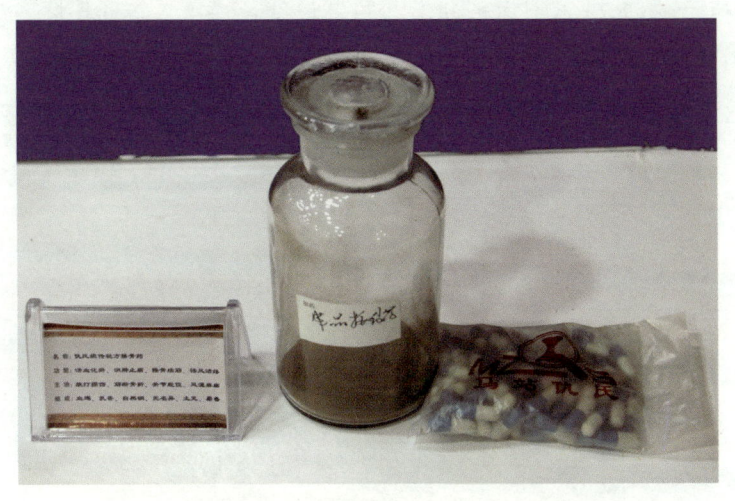

图三 按比例配制好的仇氏接骨药散剂和胶囊

低,痊愈周期短。方中重用麝香,取其辛芳走窜入十二经,引药力直达病灶,接骨效果极佳。血竭、土鳖虫、自然铜、乳香、无名异等药材均有活血化瘀、接骨止痛的功效。仇氏接骨药弘扬了我国传统中药理论,展示了我国中医药的巨大魅力,具有很高的中医药研究价值。

图四 仇氏接骨药配方原料,血竭、土鳖虫、自然铜、乳香、无名异

仇氏正骨术不但具有实用性,而且体现了古老的传统中医药文化。从清乾隆年间至今,完整展现了中医学理论的典型特征,体现了传统中医药精髓,具有很高的历史文化价值。近年来,仇氏正骨术传人们始终扎根于基层,服务于百姓,这对于医疗卫生条件尚不发达的农村来说,具有十分重要的现实和社会意义。

葛氏正骨法

> 2016年，莒南县的"葛氏正骨法"被山东省人民政府列入第四批省级非物质文化遗产代表性项目名录扩展项目名录。

葛氏正骨法主要流传于山东省临沂市莒南县。莒南县地处鲁苏交界处，四季分明，气候宜人。明景泰年间，孟姓自江苏省东海县迁此立村，取名"孟家疃"。后葛姓迁入，因葛姓人丁兴旺，且村中逢集，村子改称"后葛家集子"，清末又改称"大葛家集子"。在当地有"先有普兴寺，后有莒州城"之说，旧时普兴寺的香火一直很旺盛，受其影响，积德行善、乐于助人的传统早已浸入广大村民的血脉当中。

葛氏正骨法起源于一个故事。沭河岸边大葛家集子村的土地为沭河上游的泥沙冲积而成，土质为沙质，土壤肥沃，适合种植各种瓜果。清光绪年间，大葛家集子村葛希龙、葛希凤兄弟俩在村东北自家地里种了一亩地的西瓜。待到绿色的瓜蔓中露出一个个滚圆的西瓜时，兄弟俩就开始轮流看护。

这天中午，晴空万里，太阳像火炉般炙烤着大地。劳累了一上午的葛希凤吃完饭有些困意，就想在瓜棚里睡一觉。刚躺下没一会儿，迷迷糊糊地听到狗在狂吠。他急忙走出瓜棚，见一个人从北面小路上跌跌撞撞地走过来，接着一下子倒在瓜地的路旁。他过去一看，原来是一位满脸憔悴、披头散发的老人，观其样子，似是身体有恙。这大热天的，若是把他扔在这里恐怕性命难保。于是，葛希凤急忙把老人背到瓜棚里，拿来水和食物给老人。老人勉强吃了点儿就躺下了。

这位老人在瓜棚里吃住了一段时间，恰值到了各种瓜果都罢市的时节，葛希龙就笑着对老人说："您的身体也恢复得差不多了，到我家里坐坐吧，顺便认一下路。"老人跟着葛希龙走在路上，就想："善良乃医者之本，兄弟俩心存善念，救落难路人如亲人，是学医的好材料。我眼下正被官府追杀，还不知能活几天，何不把自己的独门绝技传授给他俩，一算是对他俩的报答，二不会使自己的一手绝技失传。"老人拿定主意后就坐下来说道："我承蒙你兄弟俩收留才能活下来。大恩不言谢，人吃五谷杂粮，难免会生病或伤胳膊断腿的，我看你俩实诚厚道、为人友善，不如跟着我学点正骨或治疗疔痈的手艺，过个半耕半医的生活。"兄弟俩见老人是真心实意地想传授他们，就爽快地答应下来。

葛氏兄弟专门收拾出一间屋子供老人居住，白天劳作，晚上就跟着老人学医。老人先教给他们四肢骨骼的特点，然后传授正骨手法，对外敷和口服药物的配方以及如何制作应用也都倾囊相授。等各种医术已基本掌握，兄弟俩便开门应诊了，老人则现场坐镇。

由于老人的悉心指导，兄弟俩医术日益精进。这天吃过晚饭后，老人对兄弟俩说道："实不相瞒，我家祖上为清初状元，当年在朝为官时，收藏了10个宫廷秘方用于治疗跌打损伤、疔痈和皮肤病等。因我有一人命官司，但医术尚未外传，为暂避祸端，遂逃出家门流落至此。我准备近日离开此地，临走前有几点我要嘱咐一下，为医者要有父母心，一定悉心诊治病人，对一些家庭困难的病人，酬金能少则少，平日里一定要好好对待病人。"兄弟俩点头答应。

自此，兄弟俩谨遵师傅教诲，在村里创办了医馆，取名"佑禧堂"，开始了行医生涯。葛家兄弟因行善而得医术真传之事，在当地被人们津津乐道。

在葛氏家族中医正骨第二代传人中，接骨医术最好、在社会上最有名气的当属葛希凤的大儿子葛连成。他从小就跟在父亲身边，看父亲如何接骨、敷药，是父亲的小帮手。时间一长，葛连成就学会了敷药、包扎等技能。由于他专心致志地致力于骨伤科之道，没多长时间就学会了一套完整的治伤技艺，尤其是在正骨手法方面颇有造诣。他接过了父亲的衣钵，医术很快就达到了炉火纯青的地步。

中华人民共和国成立以后，社会安定，葛氏中医正骨第三代传人葛成恩、葛成贵、葛成德等被安排到大队卫生室工作，卫生室就设在佑禧堂老屋内。当时人们的生活并不富裕，很多老百姓没有钱抓药。为了更好地服务患者，让老百姓看得起病、用得起药，他们在保证中草药质量的前提下，努力降低成本，利用闲暇时间亲自种植各种接骨的中草药，并且还亲自到野外采摘。药材采回来后，洗净泥土杂物，放在佑禧堂药台上晾干，然后按照根、茎、叶、花、果分类放入仓库摆放整齐。饮片炮制严格遵循古法，操作时一丝不苟。

图一　葛氏正骨法第二代传承人葛连成

由于药材地道、价格低廉、疗效颇佳、信誉度高，葛成恩三人的中医正骨术不仅在乡里有良好的口碑，而且声名远扬，许多病人都慕名前来求医。后

图二　佑禧堂老屋旧址

来，葛氏正骨第三代传人将正骨医术分别传给了他们的后人。现在，葛氏正骨传人仍在不同的地方以不同的形式为广大骨伤患者服务。

在国家的重视关怀下，中医药振兴发展迎来了大好时机。葛氏中医正骨第四代传承人葛秀刚于1985年5月独自来到莒南县城，开启了异乡创业行医之路。他从小耳濡目染，深谙葛氏正骨之道。在突出葛氏正骨特色的同时，他善于利用西方诊疗技术，开始不断向新的骨伤治疗领域扩展。葛秀刚精于正骨，继承而不泥古，发展而不离宗，古老的家传医术在他手中大放异彩。

葛氏正骨法的特征明显，经过几代的传承和发展，可以总结为以下几点，手法正骨、小夹板固定、外用内服中药等。葛氏正骨法进行治疗时，先是采用祖传的"葛氏正骨十法"，包括触摸心会、拔伸牵引、折顶复位、旋转回绕、夹挤分骨、端提牵抖、摇摆转动、提按升降、屈伸回旋、理顺扶正等手法，进行正骨；然后用小夹板对骨伤部位进行固定，具有取材简便、费用低廉、便于观察血运情况、随时矫正和调整松紧度的优点。

为了对患者进行辅助治疗，需要外用接骨膏药。膏药乃采用家传秘方，用麝香、红花、血竭等19味名贵中药材熬制而成，具有消肿止痛、活血化瘀、接骨续筋的独特功效。另外，内服接骨中药制剂，由当归、杜仲等30余味中药组

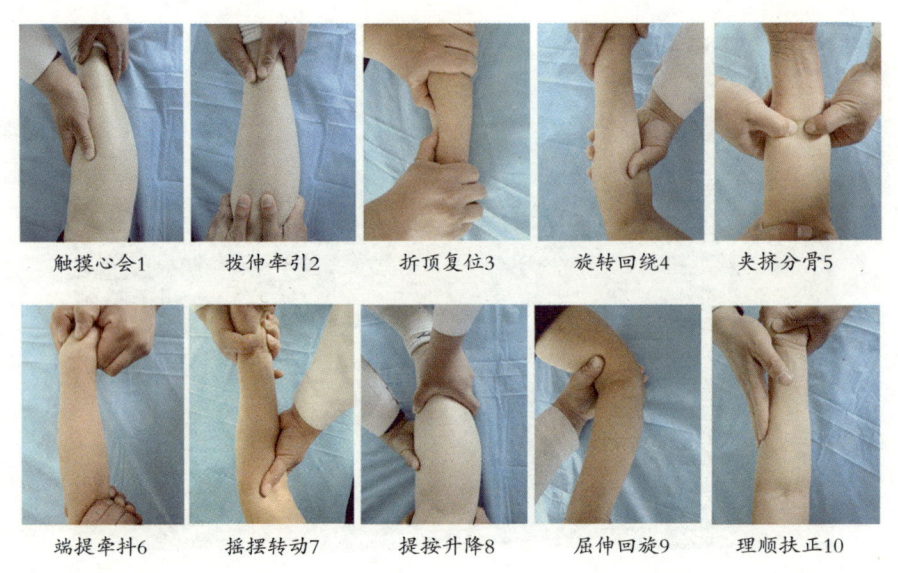

触摸心会1　　拔伸牵引2　　折顶复位3　　旋转回绕4　　夹挤分骨5

端提牵抖6　　摇摆转动7　　提按升降8　　屈伸回旋9　　理顺扶正10

图三　葛氏正骨十法

成,具有补养气血、去瘀生新、补肝益肾、强筋壮骨的功效。

葛氏正骨法是我国传统医药历史发展的见证,在民间流传百年。葛氏传人通过不断提升自身正骨技术水平,使骨伤患者受益,赢得了民众的信赖。葛氏正骨法以中医传统的整体观念和气血理论为基础,通过传统手法复位和中药秘方内外兼治的方式,使大多数闭合性骨折患者免除了手术之苦,且消肿止痛见效快、骨伤愈合周期短,节省了患者医疗费用,具有极强的实用价值。

岁月如梭,春去秋来。百余年间,富有传奇色彩的葛氏家族中医正骨就是这样一步步地走来。目前,葛秀刚正以"莒南秀刚医院"为主要阵地,带领第五代传人和崭露头角的第六代传人,阔步走在葛氏正骨法传承与发展的大道上,葛氏正骨传承呈现出欣欣向荣的局面。继承保护好宝贵的非物质文化遗产,是历史和民族赋予当代人的神圣使命。脚踏实地、锐意进取的葛氏正骨传人们,一定会将此医术进一步发扬光大,惠及更多的百姓。

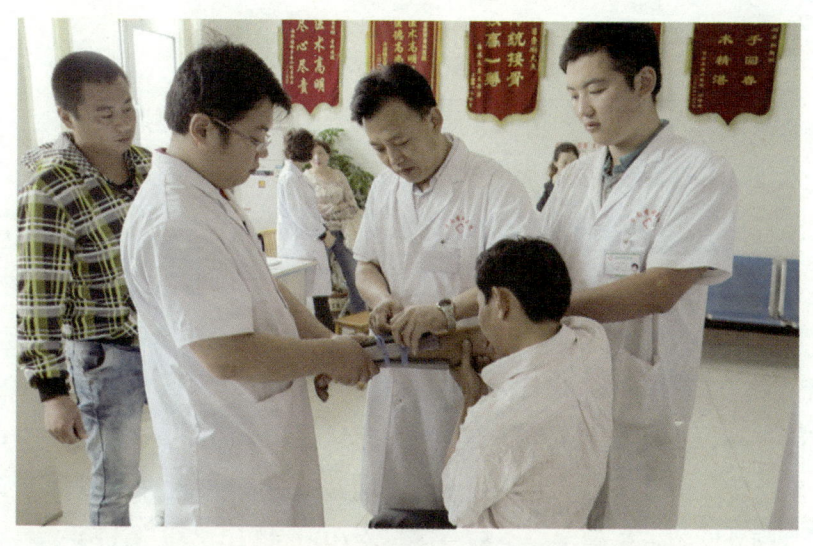

图四 葛氏正骨法第四代传承人葛秀刚正在传授接骨技术

阳谷古阿邑达仁堂张氏阿胶糕制作技艺

> 2016年，阳谷县的"阳谷古阿邑达仁堂张氏阿胶糕制作技艺"被山东省人民政府列入第四批省级非物质文化遗产代表性项目名录扩展项目名录。

阳谷县地处鲁西平原，黄河北岸，隶属于中国江北水城聊城市。阳谷县隋开皇十六年（596年）置县，历史悠久，源远流长。位于阳谷城东十五公里的古阿井距今已有2 000余年的历史，井水常年不干。春秋战国时期，齐国宰相管仲曾云：齐之水，其泉青白，故世俗有阿井之名。阿胶因阿胶井、纯驴皮而得名，古井阿胶历史悠久。

古阿邑（东阿古城）之内几乎家家户户都熬胶。人们利用农闲季节卖掉部分农副产品，到集市上买点驴皮熬胶，产量很小。熬胶后上朝进贡，故此有"贡胶"之称。中华人民共和国成立后，阿城镇的阿胶有了很大发展。政府专门在"古阿井"附近修建了一个阿胶厂，在生产过程中严把质量关，按传统工艺选料配制，出产的阿胶货真价实、疗效极佳，在国内外享有盛名。京杭大运河，在阿城镇中穿流而过，对阿城镇的阿胶兴盛起到了推动作用。1822年，古阿邑达仁堂张氏阿胶糕的先祖张腾顺，在阿城开设了前店后坊的阿胶作坊，在生产过程中研发出了阿胶糕的制作技艺，代代相传至今。

阿胶糕是利用古阿井阿胶加入麦芽、冰糖、糊精、核桃仁、黑芝麻、黄酒等原料精制而成，具有补气养血、滋阴润肺之功效。三国曹植在《飞龙篇》中写道："教我服食，还精补脑。"元代诗人白朴在《秋风梧桐雨·锦上花》中则记录了阿胶糕的制作原料："阿胶一碗，芝麻一盏，白米红馅蜜饯。粉腮似羞，杏花春雨带笑看。润了青春，保了天年，有了本钱。"唐代肖行澡在《宫词补遗》中写道："铅华洗尽依丰盈，雨落荷叶珠难停。"明代何良俊在《思生》中写道："万病皆由气血生，将相不和非敌攻。一盏阿胶常左右，扶元固本享太平。"明代谢肇制在《阿井》中写道："人言此水重且甘，疏风止血仍祛痰。"

阿胶糕的古法技艺，层层转合，一旦不慎，则前功尽弃。阿胶糕的制作，熬胶是关键。熬胶要经过选皮、泡皮、刮毛、再泡皮、割皮、再洗皮、撮皮、化皮、提沫、过滤、沉淀澄清、浓缩、挂珠、榨油、吊猴、发锅、醒酒、凝胶、切胶、凉胶、翻胶、擦胶、前包、后包等49道工序。阿胶熬制成后，再加入核桃、黑芝麻、黄酒、冰糖等辅料，制作成阿胶糕。

图一　第七代传承人张立英在检查产品

阿胶呈黑褐色，有光泽，质硬而脆，碎片对光照视呈棕色半透明状，阿胶糕呈长方形块状，切面可以看到黑芝麻、核桃仁，气味微甘，香甜可口。因阿胶糕是用阿胶、黑芝麻、核桃仁、麦芽、冰糖等原料制成的，所以它具有补脑、养颜、扶元固本、祛痰等功效。

阳谷古阿邑达仁堂张氏阿胶糕制作技艺由张氏本家代代相传。其传承谱系大致为七代：张腾顺（清道光年间人），曾在阳谷县运河重镇阿城创立达仁堂济世救人；张广义（清咸丰年间人），继承父业，利用达仁堂行医治病；张占科、张宝先、张才旗、张玉佩、张立英接续传承。如今，张立英（1975年生）是阳谷古阿邑达仁堂张氏阿胶糕制作技艺的主要传承人。她从小受家庭熏陶，并随父亲学习中医理论。

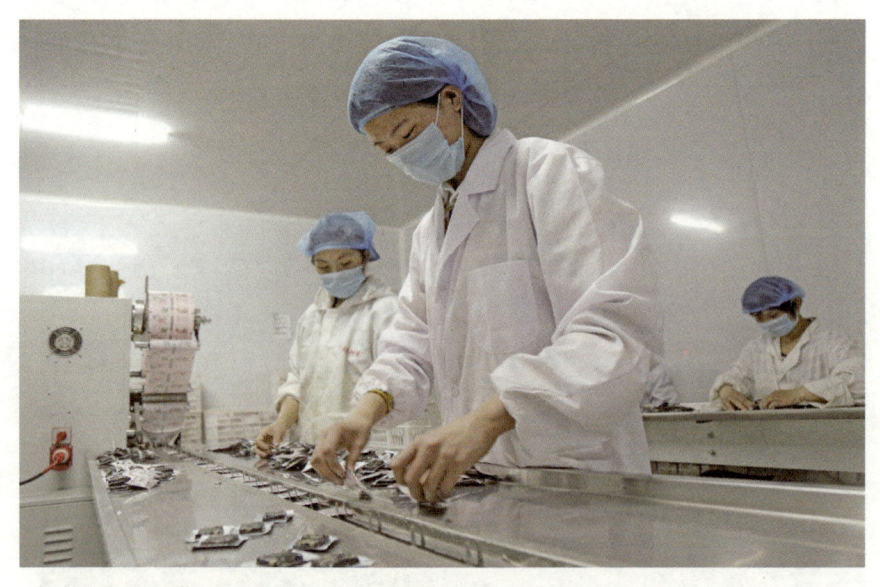

图二　第七代传承人张立英在山东藏龙井阿胶有限公司进行现场教学

图三　第七代传承人张立英在指导生产

　　为了使古井阿胶、古井阿胶糕得到充分利用，并形成规模生产，山东达仁堂速食阿胶有限公司作为传承主体企业，将进一步扩大生产、扩建厂房、更新设备、研究并开发新产品，让广大群众了解古井阿胶、古井阿胶糕，并吸引外来投资、开拓市场，并走向国际，以造福人类。

徐氏中医正骨

> 2016年，滨州市沾化区的"徐氏中医正骨"被山东省人民政府列入第四批省级非物质文化遗产代表性项目名录扩展项目名录。2021年，被国务院列入第五批国家级非物质文化遗产代表性项目名录扩展项目名录。

滨州市沾化区位于山东省北部渤海湾南岸，黄河三角洲腹地。这里土地广阔，物产丰富，水陆交通便利，环境优美，被誉为"黄河三角洲上的一颗明珠"。当地经济发达，环境优美，康养文化发展迅速，为徐氏中医正骨发展提供了良好的地理环境。

中医正骨术是中国传统医学的重要组成部分。徐氏家族的正骨源于清末，历经四代传承和发展，在中医正骨领域中自成一派。100多年间，徐氏传人在行医实践中积累了丰富的正骨治疗经验，其手法迅速，三到五分钟之内断骨已正，能够减少病人的痛苦。徐氏中医正骨主要运用手法正骨加以外固定治疗，对各种骨创伤均有奇效，大部分病人不需要开刀手术，具有损伤性小、痛苦少、愈合快、疗程短、花费少等特点，得到了患者的好评和专家的认可。

徐氏中医正骨最初为著名的武术大师赵风龙（1883—1962）所创。他是山东滨州沾化区大高镇赵家塘坊人，自幼酷爱武术，师从五台山道士冯秀岭和平家村武术大师王玉美。赵风龙不仅武艺高强，而且精通正骨技术，性情豪爽，乐于助人，所学武艺尽数传授给徒弟，毫不保留。所收徒弟包括徐成林、王家驹、王汝勇、王炳功、王金一等10余人，其中数徐成林学得最好。

1905年，徐成林出生于山东省滨州市沾化区富国镇东杨村的一个贫苦家庭。徐成林3岁失母，后又丧父，童年生活非常艰苦。17岁时，徐成林决心离家到大高镇赵家塘坊拜访赵凤龙道士，向其学习武功。他聪明好学，悟性很高，肯吃苦，又待师如父，深受赵凤龙的喜爱。师父对徐成林要求非常严格，言传身教，一丝不苟，使他功夫长进很快。由于徐成林诚实厚道、勤奋聪明，师父将他当作继承自己事业的最佳人选。于是，赵凤龙在教徐成林习武的同时，还传授他正骨医术和接骨秘方。徐成林出身贫寒，深知病灾之苦和求医寻药之艰，于是刻苦自励、苦学不辍，终于不负师望，学成正果。自此，他行医乡里，终生不懈。早在20世纪20年代，徐成林就因其精湛的医术和高尚的医德成了当地有名的中医大夫，声誉遍及鲁北平原。徐氏正骨，传家济世，无人不晓。

图一　正骨大师徐成林80岁时仍坚持练功习武

徐氏中医正骨在长期的医疗实践和百余年的传承当中，形成了一套独特的理论体系和完整的治疗原则及方法，包括诊断、正骨、推拿复位等内容。首先根据临床症状，通过"望、触、闻、切"等诊法，对骨伤病人及时做出诊断，观察骨折移位情况或整复结果，知其病情部位及轻重，再根据伤势不同而采取不同的正骨方法。"望诊"就是用眼观察，一看伤势，二看畸形，三看疼痛状况。"触诊"是用手仔细触摸伤处，先轻后重，由浅及深，从远到近，两头相对，了解骨伤的部位和程度，整个过程全靠实践和经验。徐氏传人能够达到"手摸心会"的境界，凡是骨伤，用手一摸，就能知道骨伤的情况。"闻诊"要在"触诊"的同时进行，即在触诊时仔细听骨头的摩擦声。最后是"切诊"，通过把脉了解病人正邪交争的状态及瘀血程度。经"望、触、闻、切"全面了解病人的状况后，便能"知其体相，识其部位，一旦临证，机触于外，巧生于内，手随心转，法从手出"。

　　正骨手法主要是徒手整复法，"相其形，顺其势，伸其短，纠其偏"。医者以祖传正骨心法为基础，通过轻、柔、稳、准的手法，运用拉、伸、屈、旋、提等牵引动作，为病人瞬间复位。复位的原则是"欲合先离，离而复合"。接骨时，动作必须熟练灵活、刚柔相济，以巧力随症施治，方能使断骨部位扣合严、接得稳。正如徐氏接骨要诀所言："相其形势，徐徐接之，使断者复续，陷者复起，碎者复完，突者复平。"针对关节脱位和骨折移位，主要

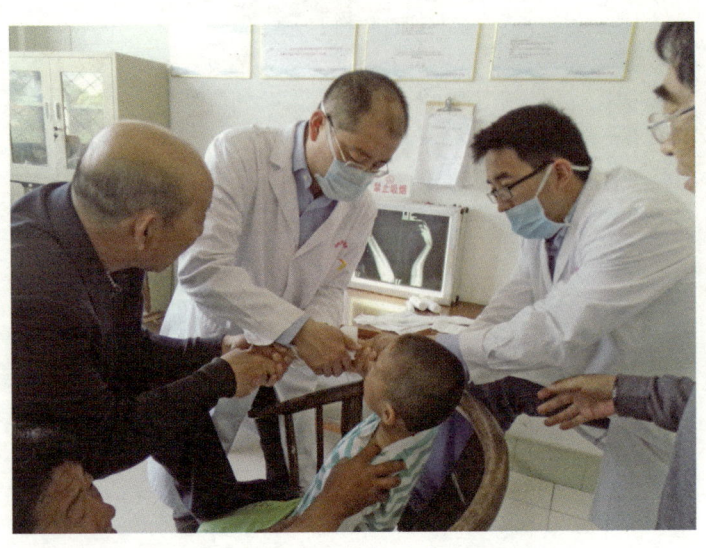

图二　徐长军为骨折患者正骨复位治疗

运用牵引拔伸、屈伸折顶、旋转回旋、端提捺正、交错捏合、夹挤分骨、抖颤扣挤、摇摆触碰、夹缚紧靠等正骨方法。

推拿复位手法主要用于软组织扭挫伤及骨关节错缝治疗，常用手法分为"推拿按摩手法"和"正骨复位手法"两类。"推拿按摩手法"包括捏、弹、按、压、点、推、疏、摇、牵、搬、盘等，有拇指推揉、掌根推揉、虎口推揉、指按、肘压、提捏、弹拨、屈伸牵引、扳、抬腿、足背屈等方式。这类手法是其他各类手法的基础手法，广泛应用于各类手法的临床实践中。"正骨复位手法"有颈椎摇转法、颈椎屈法、绞腰法、前俯牵拉掌指压法、膝顶法、仰扳过伸法、提腿压腰法、揿压法、踩踏法等，这类手法主要适用于颈腰部损伤。

徐氏中医正骨对各处骨折的用药有着不同的专用验方。例如，针对不易愈合的股骨颈、腕舟骨、踝距骨等骨折，需要促进局部血液循环，加强血氧供应，可在短期内取得良好的效果。针对各种手术后造成的骨折退延愈合，则采用外敷膏药、内服中药秘方的疗法，加快骨折愈合。而针对各种骨感染或骨髓炎，就需要运用中医药证施治，清理托毒，生肌收口，以做到药到病

图三　祖传中药方折子

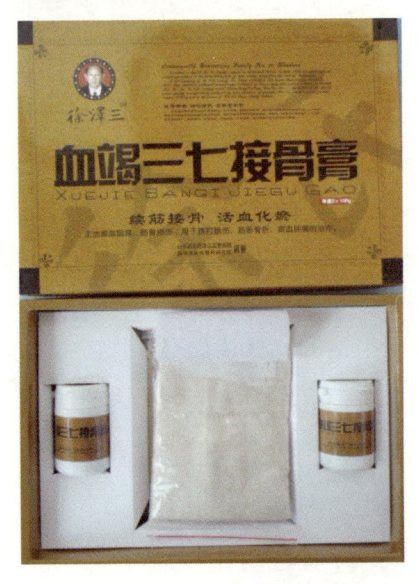

图四 家传秘方中药接骨膏制剂

除。另外,根据病人不同的骨伤部位,徐氏中医正骨自制了塑形夹板,人体各部位的骨折都有独特的自制外固定器,大胆地改革了前人的不稳定性固定物,使治疗效果更加显著。

徐氏中医正骨通过整复、固定、按摩、外敷膏药、夹板固定等多个步骤,使患者骨、筋等恢复原位,减轻病痛,再通过功能锻炼逐步治愈。

徐氏中医正骨现今主要传人为第三代传承人徐泽三,他在父亲的严训和亲传下,通过自己的刻苦钻研,掌握并发扬了徐氏中医正骨的施治技法和用药技艺。为了传承和创新发展中医正骨技术,徐泽三不断探索适合广大患者的正骨手法和方药,并在20世纪80年代创办了"沾化徐泽三正骨医院"。其长子徐长军、次

图五 徐氏中医正骨"沾化徐泽三正骨医院"

子徐长山先后从医科大学毕业后回到正骨医院从事医疗工作。在徐氏父子三人多年的努力下，医院规模和医疗技术得到了很大的发展。2004年，徐泽三创建了滨州市徐氏骨科研究所，这是首家民营中医骨科科研机构，旨在研发中医治疗骨科疾病的新方法、新途径。2014年，徐氏中医正骨被山东省商业厅评为"山东老字号"；"血竭三七接骨膏""川芎追风活血膏"获批国家发明专利。2018年，徐泽三被山东省人民政府列为第五批省级非物质文化遗产项目代表性传承人。另外，徐泽三还依据多年的临床经验和杂症病例，编著了《护骨养生与中医正骨》医学专著。该著作兼具学术性、科学性、创新性及实用性，为中国中医药文化研究提供了新的视角。

徐氏中医正骨受到了中医骨科专家们的高度评价。徐氏传人始终把"为广大骨病患者服务"作为宗旨，对我国中医正骨的研究和发展起到了积极的推进作用。目前，徐泽三联合国内知名院校和国家科研机构，着手创建中医正骨与中医养生研发应用中心。该研发应用中心定位于集骨伤救治、中药研发、护骨养生、医护人员培训为一体，使产、学、研、用有机结合，势必会将中医正骨学研究推向新的高度。

中医平衡旋转整脊疗法

> 2016年,滨州市沾化区的"中医平衡旋转整脊疗法"被山东省人民政府列入第四批省级非物质文化遗产代表性项目名录扩展项目名录。

滨州市沾化区地处鲁北平原,位于黄河三角洲中心地带,东与东营市河口区、利津县相邻,南连滨城区,西南部与阳信县毗邻,西与无棣县接壤。山东省一直是文化大省,是儒家文化的发源地,历史上各种学科在当地都有繁荣发展。当地的中医推拿手法经代代相传、演变,总结出了一套"中医平衡旋转整脊疗法"。山东自古以来就是兵家必争之地,历史上战事频繁,跌打损伤是常见病症,骨伤的治疗在当时社会背景下显得尤为重要,这也使得中医整脊整骨

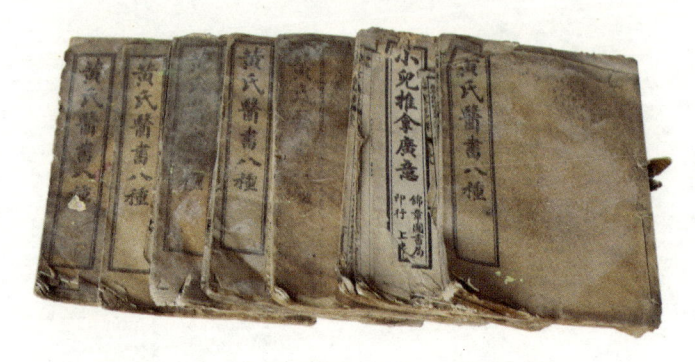

图一　清末中医平衡旋转整脊疗法的相关书籍

在当地得以长足发展。

中医整脊最早发源于民间武术。由于习武之人经常会出现跌打损伤、伤筋动骨等情况，人们通过探索和实践，逐渐积累了很多有效的骨伤治疗经验。中医整脊作为我国传统医学的重要组成部分，以其独特的手法和显著的疗效在民间传承了数百年。

清光绪年间，山东各地开设了很多武馆，习武之人多有骨病急痛，经常四处求医治疗。原山东烟台掖县过西镇徐家村（现莱州市三山岛镇徐家村）人徐世锦当时就在烟台开设武馆，他不但精通武艺，对医学也颇有研究，因此周边一带武馆的人经常前来求医。当时，很多武馆经常为争名夺利而大打出手，徐世锦意识到治病救人远比教人习武更有意义。于是，1887年，徐世锦将武馆改为医馆，决心为更多的病人解除病痛。在此期间，徐世锦对中国古代医学及西方解剖学进行了深入学习和刻苦研究，逐渐总结出一套快速整骨复位的手法。经过对古典药理学的悉心钻研，徐世锦在原有外伤药剂的基础上进行反复试验和改良，研制出了若干种针对骨伤治疗的奇效药剂。结合独特手法和特性药剂，徐世锦的整骨技术，尤其是整脊技术，在当地享誉盛名。

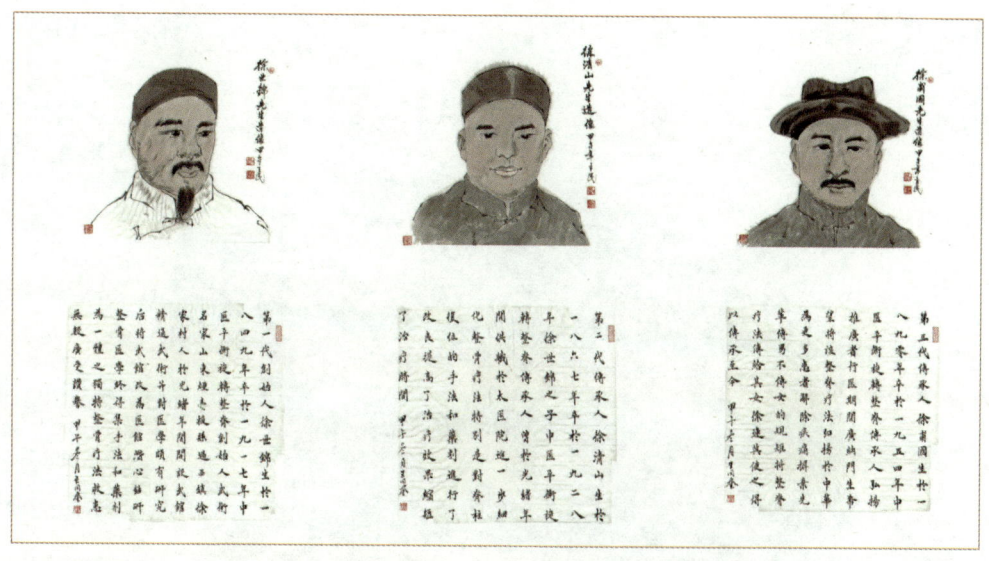

图二　中医平衡旋转整脊疗法第一、二、三代传承人

相传当时有个王爷，患背痛多年，求医无数，均无效果。后听闻烟台有个整脊名医，王爷便唤人请来。据说，徐世锦只简单询问几句，然后在王爷背后推拿了几下，困扰王爷多年的疾痛随即消失。为此，王爷重赏徐世锦，而徐世锦将赏金分给了当地的穷人们。

行医30余载，徐世锦深切体会到患者身患疾痛时的无助。因此，他立志将整骨整脊医术传承给子孙后代，并使其发扬光大。徐氏后人们也都不负祖辈所愿，世代行医，治病救人。为了能让祖传的整骨整脊疗法得到更好的传承和发扬，第三代传人徐甫国摒弃了先辈"传男不传女"的家规，将这套手法传给了女儿徐连英。徐连英自幼聪慧，很快掌握了该疗法的精髓。后来她嫁给滨州下洼公社的李家人，自此中医整骨整脊疗法传入了滨州。徐连英之子李兆东为保护好这个传承百年的传统医学文化，不断总结完善中医整脊的理论体系，并将部分药剂申请了国家专利，借鉴中医阴阳平衡原理的学说，将该整脊疗法命名为"中医平衡旋转整脊疗法"。

"触诊"是骨科医生鉴别、诊断疾病的最关键环节，触诊的最高境界是"手摸心会"。为给脊柱疾病的诊断、鉴别及治疗提供客观的依据，中医平衡旋转整脊疗法在传统"椎体棘突四条线"触诊法的基础上，又衍化出"脊柱定点上顶触诊法""局部按压触诊法""动态下棘突触诊法""棘突短距触诊

图三　1992年，沾化下洼树斌腰腿疼专科门诊正式成立

法""局部压推触诊法""局部凹凸触诊法""排挤对位触诊法"和"软硬加压触诊法"等多种手法，使骨科诊断更为准确。

中医平衡旋转整脊"六步疗法"分别为轻调、粗调、微调、盆骨调整、小关节调整和软组织调整。通过轻调，减轻病人组织水肿和无菌性炎症；通过粗调，恢复脊柱的正常生理曲度；通过微调，调整小关节紊乱，纠正椎体在额状轴、矢状轴、纵轴三维空间的前倾后仰、左右侧屈、左右旋转六个自由度位移，以及三个轴位上的不同联合改变；通过盆骨调整，减轻或消除临床症状和体征；通过小关节调整，协调各关节位置和关节间距离；通过软组织调整，调节椎间韧带及肌肉。

经过上述六个阶段的治疗，使错位的关节回到正常或无痛的位置，恢复脊柱内外平衡关系，修复软组织损伤，缓解肌肉疼痛。

中医平衡旋转整脊疗法运用骨伤科生物力学原理，利用支点使患者脊椎受力。在病人前屈旋转时，重心落在患者脊椎单侧关节突关节上，使其脊柱暂时处于失稳状态。复位拇指通过拨动、顶压棘突，使发生位移的椎体在错向的反向力推动下恢复到正常的位置。同时，借助于脊柱抗直拉力大于抗旋转力的特点，在牵引力下合并运用旋转力，使患者脊椎易于复位，达到"筋覆其槽、骨

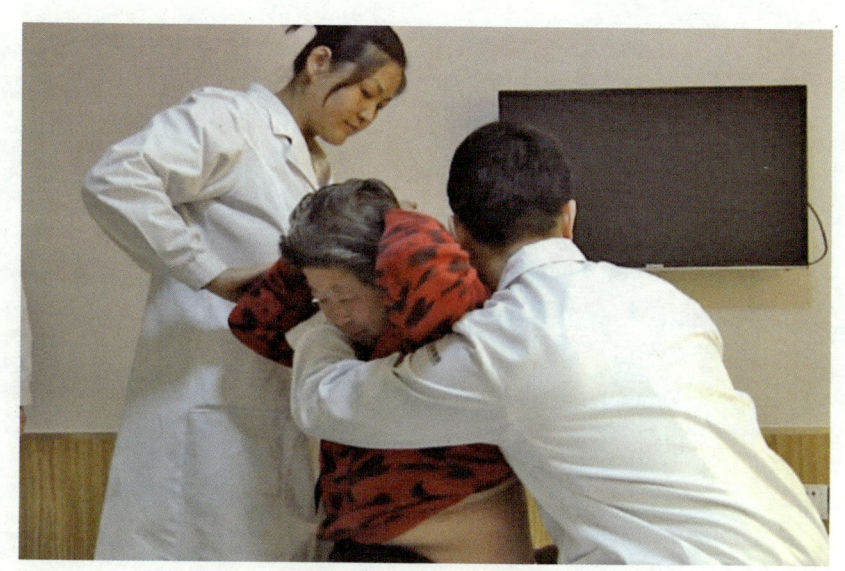

图四 传承人李树彬和李树香对患者使用中医平衡旋转整脊疗法进行治疗

对其缝"的治疗效果。

中草药是我国的传统瑰宝，对骨伤疾病的治疗和康复起着关键性的作用。为达到最佳效果，所用药材都需要严格配比、精心筛选和炮制。在用药时，根据患者病情和疾患部位的不同，坚持内服外敷、内外兼治的原则，使得药物能够在最短时间内到达患处，明显地提高治疗效果，缩短了治疗周期。例如跌打损伤膏、骨质增生膏以及颈腰康复丸等，此类整脊药剂在脊柱疑难重症的治疗方面，具有独特的临床疗效。

源远流长的中医平衡旋转整脊疗法是中国传统医学的重要组成部分。早在《黄帝内经》就有伤科基础理论的记载，为中医骨伤的发展奠定了基础。三国至隋唐、五代时期，伤科诊疗进一步发展，晋代的《肘后就卒方》最早记载了下颌关节脱位手法整复方法，并沿用至今。经过几千年的发展和传承，中医平衡旋转整脊疗法不仅是有效治疗骨病的重要手段，也是我国优秀传统文化不可或缺的重要组成。

中医平衡旋转整脊疗法经过百年传承，至今仍被众多名医所采纳、被广大患者所接受，说明其治疗的实效性和普遍性。时至今日，中医平衡旋转整脊疗法已为无数骨病患者解除了病痛。

图五　通过中医平衡旋转整脊疗法治疗康复的患者前后对比照

马纪庄眼药制作技艺

> 2016年，菏泽市定陶区的"马纪庄眼药制作技艺"被山东省人民政府列入第四批省级非物质文化遗产代表性项目名录扩展项目名录。

定陶，古称陶，位于山东省西南、菏泽中部。早在遥远的上古时代，尧、舜二帝就曾在这里建造都城。古陶大地，历史悠久，是中华文明的重要发祥地之一。因地理位置优越，定陶素有"天下之中"的称号，也是历代兵家的必争之地。元末明初，天下大乱，烽烟四起，定陶境内战乱不断，水灾等自然灾害连年发生，动荡混乱的社会环境导致瘟疫肆虐，其中遭受眼疾之苦的百姓不在少数。

在这种水深火热的年代，马纪庄眼药应运而生。关于马纪庄眼药的诞生，最早还要追溯到明初。当时，马氏的一支族人跋山涉水，不远千里地从山西洪洞县大槐树迁徙到定陶东关，后来又有分支的族人来到马纪庄定居。迁徙至此的马氏族人中有擅长医治眼疾的行医之人，可以制作眼药。后人又在此基础之上不断改良，马纪庄眼药凭借优秀的治疗效果得到了百姓的信赖，其制作技艺也逐渐被人们所熟知。

"马纪庄眼药制作技艺"至今已有近600年的历史，世代薪火传承才有了今天的卓越成就。马纪庄眼药制作技艺起源于明代，成就于清朝，发展于民国，弘扬于当代。据马氏传承谱系记载，自第一代传人马宗善起，"马纪庄眼

图一　定陶马纪庄眼科祖传书籍

药制作技艺"至今已传承至第六代。

第二代传人马万春为一代名医,生平事迹有详细的文字记录可查。他自幼随父学医,得其真传。在继承古方逍遥丸的基础上,马万春创新了"明目逍遥汤",疗效较之以往更佳,同时又擅长针拨白内障术,因此名声大振。马万春在清代末被擢拔进京,进入宫廷成为御医,被称为"御医马万春"。马万春在民国时期回归故里,19世纪20年代在马纪庄开设诊所。患有眼疾的百姓慕名而来,治疗眼疾的人数众多,马氏眼科在鲁西南声名鹊起。

第三代传人马年丰是马万春的儿子,自幼也随父从医。随着医术的日益成熟,马年丰从1932年开始独立行医,他探索发明的益母丸方、青光眼方等中成药配方疗效显著。1941年,他为地区专员孟阁臣的家人治疗好了眼疾。孟家为了报答恩德,特意赠送了书有"目医巨擘"的金字匾额。马年丰一生行医60载,医德高尚,技术精湛,深得患者信赖。

第四代传人马俊德通晓内科,尤其擅长眼科,先后任定陶县医药联合会主任,县卫生协会主任,第四、五、六届县人大代表。他发明的中成药——"治障丸2号",对于治疗老年性白内障效果良好,被定为科研成果项目。近50年行医生涯,他始终心系患者、服务患者,为广大患者解除了眼疾。

第五代传人马崇益现为马纪庄眼科医院院长。为了光大中医事业、传承中医精髓，马崇益在前人破除"传男不传女"的基础之上，进一步打破旧习，不遗余力地培养了数名族外弟子。如今，马纪庄眼药制作技艺已经有马武军、苗建华、杨兴芝等六位第六代青壮年传人。马武军现在担任定陶东方医院院长兼中医眼科主任，是马氏眼科第六代传人之一，自幼随父马崇益学习眼科诊疗技术，在疑难性眼病治疗方面得到广大患者认可。

图二　马崇益对患者进行把脉问诊

"江山代有才人出，各领风骚数百年。"第五代传人和第六代传人凭借出色的医术和制药技艺，如今已经成为"马纪庄眼药制作技艺"这一非物质文化遗产项目的主要传承群体。

马纪庄眼药有自己的保密配方。马纪庄眼药是精选地道中药材精心炮制而成，具有使用便捷、药力强劲、见效快速、性能安全的优点。经过一代又一代传人的钻研，马氏眼科共形成了含外用药与内服药共计396方祖传方剂。其中，外用药以小方（10味药以内）为主，不用大方，是求"中病"，取"药少力专"之意。眼药药剂型共有散、丹、膏、丸、汤、熏、灸、药、汁等9种，各具特色、各有长处。对于药品的使用也有点、洗、熏、搽、敷、贴、吹、涂、摩、插、枕等11种方法之多，同一剂型可有多种用法，同一用法可用于多种剂型。马氏眼科用药讲究对症下药，根据病症具体而论，极为灵活巧妙。

图三 老中医马崇益给传承人授课

马氏眼科在历史传承中还形成了"阴阳理论"和"眼血贵似金"这两项独具特色的医学理论，充分展现了马氏眼科在治病救人方面的独到之处。

所谓"阳虚则暮乱，阴虚则朝争"，阴阳理论实际上就是将病情与自然联系起来，认为早晚病情的变化与阴阳大气密不可分。像阳虚之症的眼病表现为上午视力好下午不好，宜进温补；而阴虚之症的眼病则表现为视力上午不好下午好，宜进清养。

"眼血贵似金"体现了马氏医学理论对眼睛的重视。《素问·五藏生成》记载："故人卧血归于肝，肝受血而能视，足受血而能步，掌受血而能握，指受血而能摄。"传统中医理论认为，血液在体内作为一种重要的营养物质，对人体器官行使正常的生理功能具有重要作用。"眼血贵似金"认为人体以脏腑为中心构成有机整体，眼睛就是脏腑机能的外在体现。眼睛正常的视觉机能主要依赖肝血濡养和肝气疏泄，而且眼睛是最高的阳窍，只有轻清精纯的肝血方可上达。

马纪庄眼药至今日仍然具有突出的医用效果。悬壶济世，施惠四方病困；春暖杏林，恩泽百姓之家。在悠长的岁月中，马纪庄眼药在一代又一代传承人的坚守与努力下，已然成为治疗眼疾的灵丹妙药，为深受眼疾之苦的百姓带去了希望。"马纪庄眼药制作技艺"坚持走好传承与创新并重的发展道路，铸就了菏泽市乃至鲁西南地区在医学领域的一块"金字招牌"。马纪庄眼药充分弥补西医在眼科领域的不足之处，以其独特的组方和神奇的疗效为众多长期深受眼疾困扰的患者带去希望，实用性充分得到了专家学者和社会各界的认可和赞誉。经过五代人的继承发展，传承人收集、整理、抄写本家世传中医治疗眼病处方36个，连同药物炮制技术等，录入《马氏眼疾验方手抄本》。作为一项重要的中医类非物质文化遗产，"马纪庄眼药制作技艺"体现了中华古今医者精心钻研的工匠精神，也是对传统中医文化的坚守与发扬。

图四　患者赠给马纪庄眼科的部分锦旗